中國國家地理
〔全新黃金典藏版〕

東北
西北
港澳

前言
FOREWORD

　　數萬年的滄海桑田譜寫出中華大地壯美的地理詩篇；數千年的繁衍生息激蕩出華夏文明恢弘的歷史圖卷。

　　冰雪長白山冷峻孤傲，卻以雄渾、博大的胸懷撫慰著世代的文明與哀愁；靈秀的西子湖嬌媚柔美，卻承載著水鄉兒女亙古的夢想與期盼。赤焰如火的塔克拉瑪干沙漠染紅天際，勾勒出無法逾越的生命禁區；古色古香的吊腳樓臨水而立，默默守候著鳳凰古城的絕世風華。三亞海濱遙處海南島最南端，椰林樹影、碧海藍天，宛若夢幻中的天堂⋯⋯

　　本套書——《中國國家地理》（全新黃金典藏版）將中國分為華北、華東、東北、西北、中南、西南、港澳七大部分，內容涵蓋行政區劃、人口、民族、歷史文化、地貌、氣候、經濟和旅遊地理等各個層面。近2000幅精美絕倫的圖片和靈動流暢的文字相輔相成，將中國地理的秀美與壯闊濃縮到極至。這是一套傳遞地理哲學、追求科學精神的書，一套獻給熱愛生活、喜歡地理的讀者的普及讀物，也是一套講述自然和人文故事的圖書。由衷希望此書可以使每一位讀者打開心窗，感受陽光下的另一番天地，體味一份純粹與閱讀有關的樂趣。

目錄
CONTENTS

西北

東北

遼寧

🌐 行政區劃

遼寧省位於中國東北地區南部，簡稱遼。遼東北部和吉林省接壤，西北部與內蒙古自治區交界，西部與河北省為鄰，東南部以鴨綠江為界河與北韓相望，南臨黃海和渤海。大陸海岸線東起鴨綠江口，西至山海關的老龍頭，長約2178公里。遼東半島斜插黃海與渤海之中，與山東半島遙相對峙，形勢險要。省境介於北緯38°43`～43°36`、東經118°53`～125°46`，面積14.59萬平方公里，現轄2個副省級，12個地級市、59個市轄區、16個縣級市、17個縣、8個自治縣。省會瀋陽市。

瀋陽市

瀋陽市為遼寧省省會，是東北地區最大的城市和交通中心、通訊樞紐及物資集散地，為中國重工業基地，也是東北地區重要的教育科研中心和經濟中心城市之一。瀋陽市位於遼河平原中部，因在瀋水（今渾河）之北而得名，面積12980平方公里。人口825.7萬，以漢族為多，有滿、朝鮮、蒙古、回、錫伯等41個少數民族。市政府駐瀋河區，轄和平、瀋河、大東、皇姑、鐵西、蘇家屯、渾南、瀋北新區、于洪、遼中區10區和康平、法庫2縣，代管新民1個縣級市。工業有機電、醫藥、汽車、石化等，以重工業、機械製造業為主。有國家級的瀋陽經濟技術開發區、瀋陽南湖科技開發區、中德（瀋陽）高端裝備製造產業園、北站商貿金融開發區、輝山風景區等。農業主產水稻、玉米，是全國商品糧的重要產區。瀋陽為聯繫東北3省和關內的交通樞紐，主要鐵路有京瀋、瀋大、瀋丹、瀋吉等幹線，及瀋陽—撫順、阜新等鐵路支線，其中瀋丹線可通北韓。瀋陽處於全省公路運輸網中心，通過瀋陽轄區內的有四條主線，分別是京哈高速、瀋海高速、長深高速，和遼中環線高速。瀋陽北站是國內最大的鐵路

客運站之一。瀋大高速公路是國內最早建成的全封閉高速公路之一。瀋陽也是東北最大的航空站，瀋陽桃仙國際機場是東北地區最大的樞紐機場。

大連市

大連市為中國國家經濟計畫單列市，中國重要的港口城市，工業、商貿、旅遊、金融中心城市。它位於遼東半島南部，西北瀕渤海，東南臨黃海與山東半島相望，面積13237平方公里，人口669萬，目前有40個民族，漢族占人口最多，其次是滿族，轄中山、西崗、沙河口、甘井子、旅順口、金州、普蘭店7個區和長海縣，代管瓦房店、莊河2個縣級市。大連市工業基礎雄厚，包括機械製造、汽車、造船、石化、金融、軟硬體研發、電子、煉油等。同時，也正在成為中國重要的IT和軟體中心，金融業和其它服務業也是大連的重要產業。農業以水果和水稻為主，蘋果的產量在全國排名高位，素有「蘋果之鄉」之稱。面臨渤海和黃海兩大海域，漁產豐富，鮑魚、對蝦、海參、扇貝、螃蟹等海珍品遠銷海外，蝦夷扇貝、海膽、刺參和裙帶菜的產量占中國總產量的90%以上。大連市交通發達，有京大、長大鐵路過境，公路以瀋大高速公路和數條幹線公路為主。海運有大連港。民航建有周水子國際機場，可直飛國內各大城市。

鞍山市

鞍山市是中國特大型鋼鐵基地之一，位於省境中部，面積9255平方公里，人口360.9萬，以漢族為多，有滿、回、朝鮮、蒙古等32個民族。轄4區1縣1自治縣，代管海城1個縣級市。鞍山市地勢東南高西北低，千山山脈縱貫東部，西部的遼河平原地勢平坦。鞍山鐵礦資源豐富，有磁鐵礦、褐鐵礦、菱鎂礦、滑石、玉石等礦藏資源。著名特產有南果梨和岫巖玉。礦層厚，可露天開採。特大型鋼鐵聯合企業鞍山鋼鐵公司建於境內。鞍山除鋼鐵工業外，還發展了機械、化肥、建材、石油加工、化纖和紡織工業等。哈大鐵路與哈大公路貫經市區，瀋大高速公路縱貫市境西側。環市鐵路連接城區、近郊、鋼廠及各大礦山。市區街巷布局多與鐵路平行或垂直。

大連新貌。

大連西南約45公里的旅順港是中國著名的天然良港。港內水深且終年不凍，隔海與山東半島的煙台遙遙相對，是北京、天津的海上門戶。

人口、民族

遼寧省總人口4382萬（2015），每平方公里約288人，是東北地區人口最稠密的省份。人口分布平原多於山區，沿海多於內陸，城鎮、交通沿線和工礦區人口稠密。近代遼寧人口的增長，主要是由河北、山東農業人口的大量移入。由於歷史上多次民族遷徙、屯田、戍邊和朝代更迭等原因引起的人口變動，使遼寧成為多民族省份。現有漢、滿、蒙古、回、朝鮮、錫伯等40個民族，其中漢族人口占總人口的84%。

滿族

滿族分布於全國各地，以遼寧省、河北省為多，人口約有1041.06萬（2010）。滿族史稱「諸申」，直系先民為明代「女真」（中國東北古代民族）。往上可溯至隋唐時代的靺鞨、北朝的勿吉、漢代挹婁和周代的肅慎。「女真」之稱出現於唐末五代。12世紀，女真人起兵反抗遼朝奴役，建金國政權，不久滅遼和北宋，與南宋對峙。金代，大量女真人進入中原地區，絕大多數人融於漢族之中，而留住在今黑龍江依蘭一帶的五個軍民萬戶府的女真人和分布在松花江兩岸、黑龍江中下游及烏蘇里江流域等地的女真各

滿族婦女對頭飾很講究，不僅要戴鈿子（一種由青絨、青緞做成的飾有珠翠的頭冠），而且還要插上各種各樣的銀飾。

部則逐漸演化，於16世紀末17世紀初，以建州、海西兩部女真人為主體，將分散於東北地區的女真人統一為共同體，1635年正式改「諸申」（女真）為滿洲。1911年辛亥革命後，改稱滿族。滿族有本民族語言文字。清代以來，滿族和漢族交往增多，滿族人民逐漸慣用漢語、漢文。滿族曾信仰多神教的薩滿教。

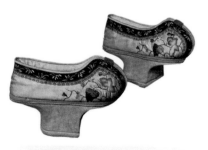

滿族婦女的鞋為木質底，底高達15公分～20公分。其底上寬而下圓，形似花盆，俗稱「花盆鞋」。因踏地時印痕如馬蹄，也稱「馬蹄底兒」。

錫伯族

錫伯族主要分布在遼寧、吉林、黑龍江等地，還有一部分居住在新疆察布查爾錫伯自治縣，以及伊寧市、烏魯木齊市等地，人口約有19萬（2010）。「錫伯」為本民族自稱。大部分人自認為是鮮卑（中國東北古代民族）後裔。16世紀後期至17世紀初，錫伯族被滿洲統治者征服，編入蒙古八旗和滿八旗。百餘年中，隨著頻繁駐防、調防，錫伯族不僅移居東北三省，而且奉遣遠戍。1764年，1016人被徵調新疆戍邊，隨軍家屬有2000多人。此後，錫伯族便分居於東北、西北兩地。錫伯族有自己的語言文字。早期錫伯族人民世代以狩獵、捕魚為業，察布查爾錫伯族以種水稻為主，經營農業，牧業也比較發達。

📖 Travel Smart

錫伯族喜利媽媽

每逢正月初一，錫伯族家家戶戶都要供奉「喜利媽媽」，求她保佑全家平安，人財興旺。「喜利」是錫伯語「藤蔓」、「系」的意思，「喜利媽媽」譯為漢語即為「世系媽媽」或「子孫媽媽」之意。「喜利媽媽」的牌位象徵儀標是一條兩丈多長的絲繩，上繫小弓箭、小靴鞋、箭袋、搖籃、銅錢、布條、背式骨（豬羊膝骨）、木鍬、木叉、毛巾等物。其中背式骨標明輩數，即添一輩人，加一背式骨。「喜利媽媽」還是記載錫伯族家庭世系的族譜。

🏛 歷史文化

遼寧省的歷史可追溯到舊石器時代，在營口市大石橋金牛山發現的猿人頭骨化石，距今已有28萬年。約六七千年前，遼寧進入了新石器時代，瀋陽新樂新石器時代文化遺址出土的大量器物，顯示了遼寧在原始社會末期的繁榮景象。建平、凌源交界的牛河梁發掘出的距今5000年的紅山文化遺址則表明，這裡存在著一個初具國家雛形的原始文明社會。西元前16世紀，遼寧省歸屬於商朝邦司，春秋戰國時期屬於燕，以後一直是中國東北地區政治、經濟和軍事中心。遼寧是中國最後一個封建王朝—清朝的發祥地。至今遺存下來的瀋陽故宮、清初「三陵」，都反映了這一時期的政治、文化、歷史面貌。

新樂遺址

新樂遺址是北方以新石器時代文化為主的遺址，位於遼寧省瀋陽市北陵附近。該遺址下層年代大約為西元前5300年～西元前4800年。遺址內有半地穴式房址、打製石器、磨製石器和細石器。陶器多為紅褐陶，器類簡單，較多的是壓印豎「之」字印紋的大口筒形罐、斜口筒形器和斂口罐。遺物中最重要的是一批煤精製品的出土，是目前發現最早的煤精製品，係磨製而成，呈圓泡形或圓珠形。這一發現顯示了遼寧在原始社會末期的繁盛。

這類形狀不一的煤精工藝品，在新樂遺址不少房址內均有出土，有的作圓泡形，有的作耳璫形，形似現在的跳棋子，又有一種作圓珠形，皆通體磨光，烏黑發亮。

清太祖努爾哈赤像。

清太祖努爾哈赤

努爾哈赤為大金（史稱後金）開國君主，清朝奠基人，滿族，愛新覺羅氏，廟號太祖。努爾哈赤早年喪母，後因生活所迫，離家從戎，投到明遼東總兵李成梁部下，屢立戰功。他勤奮好學，粗通漢文，受漢文化的影響較深。萬曆十一年（1583），努爾哈赤回建州襲父職，任建州左衛指揮。他打起為祖父報仇的旗號，打敗仇敵尼堪外蘭，攻占圖倫城，首先控制了整個蘇克素護部。後來，努爾哈赤用了30多年的時間，東伐西討，南征北戰，統一了建州女真和海西女真的全部，以及「野人」女真的大部，從而結束了自元明以來女真社會長期分裂和動亂不安的局面，建立了後金地方政權，為清朝初年的興盛奠定了重要的基礎。

九一八事變

1931年9月18日夜10時許，日本關東軍按照預謀的計畫，自行炸毀瀋陽北郊柳條湖附近的一段南滿鐵路，然後誣稱係中國軍隊所為，當即派兵突然進攻中國軍隊駐守的北大營和瀋陽內城。19日8時30分，北大營、瀋陽內城相繼為日軍占領。中午，東大營及其附近地區也同時失守，瀋陽完全陷落。12月下旬，日軍進犯錦州，占領遼西地區，直逼山海關，東北軍被迫撤入山海關內。1932年2月5日，日軍占領哈爾濱。「九一八事變」是日本變中國為其殖民地的開始，此後東北三省受日本帝國主義統治長達14年之久。

地貌

遼寧省地勢由北向南、自東西向中部傾斜。山地丘陵大致分列於東西兩側，約占全省總面積的2/3；中部為東北向西南緩傾的長方形平原，約占全省總面積的1/3。根據地貌特點，大致可分三種類型：①遼東山地丘陵區，位於長大鐵路以東，地勢由東北向西南逐漸降低，構成遼河和鴨綠江水系的分水嶺。②遼西山地丘陵區，多低山，地勢由西北向東南呈階梯式降低。至渤海沿岸形成狹長的濱海平原，稱「遼西走廊」。③遼河平原區，位於遼東、遼西山地丘陵區之間，主要由遼河及其支流沖積而成，屬松遼平原的南部。

遼東低山丘陵的土壤主要為棕壤，低平處為草甸土；遼西低山丘陵海拔500公尺以上山地土壤為棕壤，500以下的土壤為褐土和淋溶褐土。

15

遼東半島

遼東半島是中國三大半島之一，位於遼寧省南部，由千山山脈向西南延伸到海洋中所構成。半島南端老鐵山隔渤海海峽，和山東半島相望，形成渤海和黃海的分界。北部以鴨綠江口和大清河口聯線為界，習慣上包括瀋丹鐵路以西到渾河、大遼河地區。遼東半島面積約3萬平方公里。千山山脈構成半島的脊梁，將遼東半島分成兩大斜面，東南坡較平緩，有大洋河、英那河、碧流河、大沙河等較長水系。西北坡較陡峻，有大清河、熊嶽河、復州河等較短水系。遼東半島海岸線長千餘公里，沿岸有長山列島等幾百座島嶼。鴨綠江口到大洋河為淤泥質平原海岸，大洋河到大沙河為基岩淤泥海岸，長興島到西崴子為基岩砂礫海岸，大沙河到長興島為典型基岩港灣海岸。

遼河平原

遼河平原位於遼東丘陵與遼西丘陵之間，鐵嶺一彰武之南，直至遼東灣，為長期沉降區。遼河平原地勢低平，海拔一般在50公尺以下，瀋陽以北較高，遼河三角洲近海部分海拔僅2公尺～10公尺。平原上有遼河、太子河、渾河、大小凌河、沙河等，各河中下游比降小，水流緩慢，多河曲和沙洲，港汊縱橫，堆積旺盛，河床不斷抬高，汛期常導致排水不暢或河堤決潰，釀成洪澇災害。遼河攜帶豐富的沉積物，使平原不斷向遼東灣延伸。近海部分和古河道的內澇積水多形成沼澤，繁育著大片的天然和人工蘆葦。

遼東半島南端的棒槌島。

1950年，中國人民志願軍跨過鴨綠江抗美援韓，鴨綠江大橋成為支援前線的交通大動脈。1990年，中韓兩國政府協定將該橋命名為「中韓友誼橋」。

遼東灣

遼東灣是中國緯度最高的海灣。它位於渤海北部，在長興島與秦皇島連線以北，為地塹型凹陷。灣底地形自頂端及東西兩側向中央傾斜，東側深於西側，最大水深32公尺。全灣被第三紀以來的厚層沉積物覆蓋。灣頂與遼河下游平原相連，水下地形平緩，構成小凌河口到西崴子350公里淤泥質平原海岸。東西兩岸與千山、燕山、松嶺相鄰，水下地形較陡，形成基岩—砂礫質海岸。灣中央地勢平坦，沉積黑色微臭淤泥。灣西部從大凌河口、遼河口折向復

州灣外，為長180公里的古遼河河谷，谷底相對低5公尺～7公尺，至水深25公尺處逐漸消失，現今仍為遼河入海徑流及潮流輸送通道。灣水含鹽度多低於30‰。遼東灣是中國邊海水溫最低、冰情最重的地方，每年都有固體冰出現，受西北風影響，東岸又較西岸嚴重。春季融冰時，遼東灣又成為低溫中心。潮水為半日潮，灣頂潮差達5公尺。灘塗寬廣，除水產品捕撈、種葦、曬鹽外，海水養殖和圍墾都有一定規模。遼東灣的較大港口有營口、秦皇島和葫蘆島等。

遼西走廊

遼西走廊是東北地區通往關內的交通要道，也是遼寧省糧食和水果產區之一。它位於遼寧省西部錦州至山海關間沿海的狹長地帶，長180公里，寬20公里～30公里，為東北—西南走向的海蝕沖積平原。遼西走廊地勢自西北向東南傾斜，由海拔500餘公尺降到50公尺以下。低丘突出於平原上，成為孤峰或延伸入海形成半島和島嶼。海岸線長330公里。小凌河口到六股河口為基岩—砂礫質海岸，岸線曲折，多島嶼、半島、港灣，六股河口以西幾乎全為沙

岸,岸線平直。河流流短水急,大都自西北流向東南入海。走廊地面平坦,光熱資源豐富,土質肥沃。走廊北靠松嶺,南臨渤海,有京瀋鐵路、京哈公路並行縱貫,是交通要道。另有錦承、葉赤、魏塔等鐵路北通阜新、朝陽、赤峰、承德等地。沿海有葫蘆島港,可泊海輪。走廊自古為兵家必爭的戰略要地,明清時的寧錦之戰、松錦之戰及1948年的遼瀋戰役均在此進行。

🐟 水系

遼寧省的大小河流共390多條,流域面積在5000平方公里以上的有10條,大於1000平方公里的有45條。東部各河多具有山溪特徵,水清流急;西部各河上游水土流失較嚴重,下游因地勢低平,流速緩慢,泥沙淤積,與華北地區河流的水文特徵相近。遼寧省主要水系為遼河、鴨綠江、黃渤海沿海諸河。遼河主要支流有渾河、太子河、清河、繞陽河、柳河等;鴨綠江主要支流有渾江、靉河、蒲石河等;沿海主要河流有大洋河、碧流河、大凌河、小凌河、六股河等。

遼河

遼河是中國北方地區的大河之一,流經河北、內蒙古、吉林和遼寧4省區,全長1390公里。遼河屬樹枝狀水系,東西寬南北窄,主流上游老哈河源於河北省七老圖山脈光頭山(海拔1729公尺),匯合西拉木倫河稱西遼河,於台河口歧分為南北二支,南支為主流西遼河,北支為新開河。至雙遼匯合後南下,到福德店匯合東遼河後始稱遼河。經鐵嶺後轉向西南流,至六間房再歧分為二:一股南流為外遼河,經營口市注入渤海;另一股西南流稱雙台子河,經盤山南匯繞陽河注入渤海。遼河主流由盤山南入海。下游變遷頻繁,遺留很多廢河道和牛軛湖。

鴨綠江

鴨綠江為中、韓界河,因水色深綠如鴨頭而得名。鴨綠江源於長白山主峰南麓,其中流經吉林省境界長575公里,遼寧省220公里,中國境內流域面積約為3.25萬平方公里,流經省內3個市縣。其最大支流為渾江。鴨綠江具有山區河流特色,河道比較大,水量豐富,含沙量小,水能蘊藏量在東北地區僅次於黑龍江和松花江。上游山高水急,中游水勢稍緩,下游河谷開闊,江心多有沙洲。

☁ 氣候

遼寧省屬溫帶大陸性季風氣候。1月均溫-17℃～-5℃,7月均溫21℃～29℃,無霜期125天～215天,日均溫10℃以上,活動積溫2700℃～3700℃,年降水量400毫米～969毫米,是東北地區光照最多、熱量最富、降水最豐的省份。由於地勢和海洋的影響,降水自東向西遞減。年均溫從東北到西南漸增,氣候有明顯的區域差異。遼東低山丘陵年降水量多在700毫米以上;遼西低山丘陵多在600毫米以下,且70%集中於夏季;遼河平原則為500毫米～700毫米。

夏季多雨的丘陵。

🌲 自然資源

遼寧省已發現礦種120種，占全國的73%。現已探明儲量的礦種有116種，其中鐵礦、菱鎂礦、金剛石、硼礦、滑石、玉石、石油、天然氣、錳礦等22種礦產儲量居全國前7名。遼寧的植物資源主要集中在東部山區，主要的林木品種為落葉松、油松、紅松、冷杉、紫杉、楊、榆、柳、椴、核桃楸、刺楸等。現有森林大都是茂密的天然次生林，草原、灌木叢、蘆葦、谷地、沼澤等相互交替，植被類型較多。複雜的生態環境正是野生動物棲息生存的良好條件，林中蘊藏有眾多的動物資源，各種陸棲脊椎動物達500多種。

藍晶石。

遼寧富產膨潤土，它是由凝灰岩和其他火山岩經蝕變而成，吸水性強，體積能隨吸水而脹大，極具工業價值。

菱鎂礦

菱鎂礦是一種天然礦物，主要化學成分是碳酸鎂（$MgCO_3$）。菱鎂礦是非金屬礦中的重要礦種之一，是鎂質耐火材料和金屬鎂的基礎原料。菱鎂礦石經過燃燒，碳酸鎂可分解為氧化鎂和二氧化碳。氧化鎂具有較強的耐火性能和絕緣性能，廣泛應用於冶金、建材、輕工、化工、醫藥、航空、航太、軍工、電子、農牧等行業。遼寧省菱鎂礦資源非常豐富，儲量達32.5億噸，累計探明儲量為26.9億噸，占中國總儲量的85%，占世界儲量的20%，主要分布在遼南地區的 海城、大石橋一帶，並向東北延伸至岫岩、寬甸等地。遼寧的菱鎂礦資源具有以下特點：一是資源集中，礦床巨大，呈顯晶型；二是品質高、雜質少；三是礦石賦存條件優越，易剝離，好開採。

牛皮杜鵑。

牛皮杜鵑

牛皮杜鵑為常綠灌木，株高10公分～25公分，枝橫臥呈墊狀，葉厚革質，卵狀、長橢圓形，長3公分～6公分，寬1公分～2.5公分，葉全緣，邊反捲。花朵多集生於枝頂，花冠合瓣，漏斗

形，花初開時米黃色，開後漸轉白色。花後結蒴果長圓形，長1公分～1.5公分。牛皮杜鵑的種子小，呈橢圓形，有膜質狹翅。株型呈墊狀灌木，根系發達，枝葉密厚。牛皮杜鵑屬國家三級保護植物，除長白山有分布外，在老禿頂子山和大禿頂子山等地也有零星分布。

人參

人參為五加科，多年生草本，為「關東三寶」之首。人參有紡錘形或圓柱形的肉質根，根狀莖很短，多不明顯。人參葉為掌狀複葉，輪生。一年生人參的葉子為一枚三片小複葉，稱「三花」；兩年生人參的葉子為一枚五片小複葉，稱「巴掌」；三年生人參的葉子為兩枚五片複葉，稱「二甲子」；四年參有三枚複葉，稱「燈檯子」；五年參有四枚複葉，稱「四品葉」；六年參有五枚複葉，稱「五品葉」；也有六枚複葉的，稱「六品葉」。人參生長六年後，葉數不再變化。野生的人參稱「野山參」，栽培的稱「園參」。

冷杉

冷杉屬於松科，是冷杉屬植物的通稱。為常綠喬木，樹幹端直。樹冠呈塔形，小枝對生。葉為條形，螺旋狀著生，輻射伸展，葉脫落後留有平或微凹的葉痕。冷杉雌雄同株，毬果直立，卵狀圓柱形。種子具長翅，成熟後與種鱗一同脫落，中軸宿

冷杉。

存。全世界約50多種，廣泛分布於亞洲、歐洲、北美及非洲北部的高山地帶。中國約有23種，分布於東北、華北、西北、西南等地的高山地帶，常組成大面積純林或混交林。主要樹種有：杉松、臭冷杉、新疆冷杉、鱗皮冷杉、岷江冷杉、冷杉、長苞冷杉。遼寧主要分布有杉松種的冷杉，高可達30公尺，胸徑1公尺。1年生枝黃灰色，無毛，毬果圓柱形，苞鱗不露出，垂直分布於海拔500公尺～1200公尺的遼寧東部山區。其他的冷杉中，鱗皮冷杉、岷江冷杉、冷杉和長苞冷杉均為中國特有樹種。

疣鼻天鵝

疣鼻天鵝又叫啞天鵝、赤嘴天鵝、白鵝，也是一種大型游禽，體長約1.5公尺。疣鼻天鵝全身羽毛潔白，嘴赤紅色，前額有一個黑色疣突，頸粗壯，游泳時彎成「S」形，兩翅向上半展。牠們主要棲息於水草

花期過後結出果實的人參植株。

豐茂的河灣和開闊的大湖泊中。鳴聲沙啞而低沉，故有「啞天鵝」之稱。疣鼻天鵝主要以水生植物為食，也吞食水生昆蟲、小魚和砂礫。在繁殖期，疣鼻天鵝集群營巢於蘆葦叢中或濕地上，巢用水草的莖葉或蘆葉等築成，巢距很大，每對天鵝都要占據大片的蘆葦灘和寬闊的水面。疣鼻天鵝分布於東北、內蒙古、甘肅、青海、新疆、山東、河北以及長江下游一帶。

疣鼻天鵝每窩產卵4枚～9枚。圖中一對天鵝正帶著牠們的4隻小天鵝學習游泳。

經濟

遼寧省主要工業有機械、冶金、石油、化工、造紙、建材、紡織等，為國家重工業基地。瀋陽是機電、飛機製造的重要城市；鞍山是馳名中外的「鋼都」；本溪、撫順是鐵礦、煤炭基地；大連是北方重要的造船基地、新興的服裝城和金融中心。遼寧省農牧漁業資源豐富，是國家重要的柞蠶、蘋果產地和海洋漁業生產區。主要農產品有玉米、稻穀、大豆、棉花、油料、煙草。朝陽是國家棉花生產基地。瓦房店、綏中、蓋州是國家蘋果生產基地。省內交通運輸形成了以鐵路為骨幹，港口為門戶，公路四通八達，民航和海上、內河航運相配套的綜合交通網。

農業

以糧食作物為主的種植業是遼寧省農業生產的主要部門。糧食和大豆播種面積占農作物總播種面積的86.3%。東部山地林產區，以柞林為主，形成大面積柞蠶場，是柞蠶生產的主要基地。遼寧是中國生產柞蠶繭最多、分布最集中的省區。經濟作物主要有油料、煙草等。遼寧省還盛產水果，產量占中國第2位。遼寧南部黃海、渤海水產資源豐富，沿海漁場面積1.92萬平方公里。

工業

遼寧省工業以重工業中的機械、冶金、石油、化工、建材等部門為主，輕工業則以紡織工業為主。機械工業是最重要的工業部門，在省內各工業部門中占第一位。全省機械工業企業分布普遍。瀋陽是以機械工業為主的綜合性工業城市，以生產重型機械、工業專用設備、交通運輸設備和電氣機械及器材等為主。鋼鐵工業在中國具有重要地位，主要集中在鞍山、本溪二地。遼寧省所生產的鐵礦石、生鐵、鋼、鋼材產量均居全國首位。鞍鋼的鋼產量接近全國的4%，有「鋼都」之稱。遼寧省能源工業實力雄厚，有著名的遼河油田和東北最大的火力發電廠—清河電廠。

京瀋高速公路。

大連造船新廠的30萬噸船塢是中國最大的船塢。圖中兩條巨輪是造船廠為外國公司建造的大艙口船和15萬噸油輪。

交通

　　遼寧省鐵路密度居全國前列，有哈大、瀋山、瀋丹、瀋吉、錦承、魏塔、大鄭等鐵路幹、支線，並以瀋陽為樞紐向四周輻射。瀋陽也是全省公路中心，其他大中城市附近也有稠密的公路網。瀋大高速公路是國內最早建成的最長的高速公路。遼寧省主要港口有大連、營口、丹東、莊河、錦州，其中大連和營口為國家級港口。航空運輸以瀋陽、大連兩市為中心輻射全國。內河航運通航里程約750公里，主要通航區段在遼河、鴨綠江下游。

✈ 旅遊地理

遼寧省是滿族發祥地，其人文旅遊資源中，清代遺跡居首要地位。瀋陽故宮是僅次於北京故宮的保存完好的封建帝王宮殿，清朝入關前的三座皇陵也都坐落在遼寧。遼寧境內廣有山海之勝，千山、鳳凰山為著名風景區，岩溶地貌分布雖不廣，但發育典型，本溪水洞為中國北方罕見的有地下河的石灰岩洞。遼東半島到處是優美的海灘與避暑勝地，其中以大連海濱最為秀麗。鴨綠江沿線有豐富的自然與人文旅遊資源。省內動植物資源較多，有仙人洞、醫巫閭山和蛇島等自然保護區。另外旅順口、錦州等地戰略地位重要，曾分別是甲午海戰、日俄戰爭等戰爭的戰場或基地，戰爭遺跡遍布各處。

昭陵正紅門兩翼鑲嵌的琉璃構件中，龍是永遠的主角。

瀋陽故宮

瀋陽故宮是清朝初期兩代皇帝的皇宮。它位於遼寧省瀋陽市舊城的中心，始建於1625年。瀋陽故宮占地面積6萬多平方公尺，全部建築有10個院落，房屋300餘間，是一座僅次於北京故宮的宮殿建築群。瀋陽故宮建築群以崇政殿為核心，從大清門到清寧宮為中軸線，分為東路、西路、中路三個部分。東路為大政殿，大政殿原稱為大殿，是東路的主體建築，兩翼輔以方亭10座，組成一組完整的建築群，總稱大政殿與十三亭。中路的主體是大內宮，在它的南端為照壁、東西朝房、奏樂亭，北部為大清門、崇政殿、師善齋、協中齋、鳳凰樓、清寧宮等。西路包括戲台、嘉蔭堂、仰熙齋和文溯閣，是乾隆登基後增建的，是為存放《四庫全書》

位於瀋陽故宮中路的崇政殿內，設置有寶座及貼金雕龍扇面大屏風。1636年皇太極在此稱帝，同時宣布改國號「金」為「大清」。

和供皇帝看書、看戲、娛樂消遣的地方。西路的全部建築有房屋136間，主體是文溯閣。

金石灘

金石灘位於大連市金州區，景區陸地面積62平方公里，海域面積58平方公里，總面積約120平方公里，分為玫瑰園、龍宮、南秀園、鰲灘、三葉蟲化石園五個景區。金石灘有完整多樣的石灰岩，典型發育的沉積構造，還有豐富多彩的生物化石，為中國北方罕見的震旦紀、寒武紀地質景觀。在綿延29.8公里的海岸線上，濃縮了古生代距今7億年～5億年的地質歷史，堪稱天然地質博物館。區內有多種奇特的海蝕造型地貌，如蝕崖、溶溝、石牙、石灰岩洞等，形成一個天然的海濱雕塑群，被譽為「神力雕塑公園」。玫瑰園景區因多玫瑰紅色礁石而得名，也有乳黃、黑色礁石。石中古藻紋理清晰可見，亦稱古藻石林。有海蝕而成的猛虎回首、海龜探路、石猴拜海、哮天神犬等奇觀。龍宮景區面積最大，有海蝕而成的恐龍吞海、龍宮鐘樓、翻江倒海、黃海龍門和龍王鼎、龍王床等奇景。南秀園景區岩景清秀玲瓏，有蘭花石、相親石、望海窗等巧石。鰲灘景觀最富奇幻色彩，黃綠色的砂葉岩和泥灰岩上刻畫著緋紅色龜紋圖形，體塊完整，稱為龜裂石，是世界上6億年前形成的沉積環境中斷面結構最大最清晰的完整群體。三葉蟲化石園因岩面露出三葉蟲化石而聞名，是古生物地質科學考察的處

金石灘區內的「龜裂石」被鑑定為沉積石「活標本」，是目前世界上最大的一塊。

所。除此而外，金石灘景區內有長4公里，寬百餘公尺的大型海濱浴場。海灘由鵝卵石、砂礫組成，水質清澈透明，能見度可達3公尺，為中國北方優質的天然海水浴場。附近還有一島三礁，盛產海參、鮑魚。其中三輛

北鎮廟。

鹼蓬紅豔，珍禽翔集。大自然的隨意點染，成就了盤錦紅海灘這幅人間奇畫。

車島是垂釣的好去處。海濱有漁村、田園、林木、別墅，風光秀美。

北鎮廟

北鎮廟位於北鎮市城西2.5公里的崗巒之上，是古代五大鎮山之一——北鎮醫巫閭山的山神廟。建於金代，經元、明、清各代多次重修。南北長240公尺，東西寬109公尺，占地面積2.62萬平方公尺，其中建築面積5000多平方公尺。廟宇就崗勢而建，布局深遠，有殿閣七重，均按宮殿式建築。廟前正中有一座石造六柱五樓牌坊，前後有喜、怒、哀、樂石獸各一。廟內主要建築有神馬殿、鐘鼓樓、御香殿、正殿、更衣殿、內香殿、寢殿等。大殿是廟內主要建築，為歇山式大木架結構，上蓋綠琉璃瓦。殿內東西兩壁畫有32星宿人物，為各朝歷代忠臣像。廟內還保存有元、明、清三朝告祭與題詠石碑58甬，有「遼寧碑林」之譽。

紅海灘

紅海灘位於盤錦市西南端，綿延於雙台子河口入海口兩岸沿海灘塗上。這裡覆蓋著鹽鹼地中特有的植被——鹼蓬草。鹼蓬草屬藜科，一年生草本植物。葉肉質，線性，甚密。秋季開花，花小，果實多汁，為鹼土指示植物。鹼蓬草可燒灰提鹼，

Travel Smart

五佛來自峨眉山

五佛頂位於千山北溝西端，距龍泉寺約3公里，是千山第二高峰。五佛頂上有五尊石佛，傳說這五尊石佛是一個叫普安的和尚用法力請來的。當年千山一帶有個洪水怪常興風作浪，據說只有把廟修到佛頭山山頂上才能鎮住它。普安和尚喝過千年參湯，便自以為修成正果。一天，他遊到四川峨眉山的時候，看到那裡的大小石佛雕刻得像活的一般，就找到那裡的石匠，雕刻6尊石佛。石匠雕完交工那天，普安便拎起6尊石佛騰空而起，駕著白雲向東飄去。不一會兒，普安便回到了佛頭山山頂上了。這時他才發現不知何時丟了1尊石佛，只剩5尊了。普安這才明白，自己還沒修成正果。不過五佛來了以後，真把洪水給鎮住了。

燕古長城遺址。

種子可榨油。初為綠色，在太陽的照射和海水的沖刷下，由綠變紅、由紅變紫，猶如一塊紅色的地毯鋪展在延綿50餘公里的平闊海灘上，景色蔚為壯觀，因而有「紅地毯」的美譽。「紅海灘」一帶還棲息著236種鳥類，其中有丹頂鶴、黑嘴鷗等多種珍稀品種，區內還建有觀鶴台。每當潮退灘闊，簇簇鹼蓬如天邊的紅霞，與

葦洲綠濤遙相呼應，時而有水鳥翔於天際，共同織就一幅生機勃勃、雄奇遼闊的自然畫卷，令人心曠神怡。

遼寧古長城

舉世聞名的萬里長城，被譽為世界一大奇蹟。不少人認為長城的起點在山海關。其實，兩千年前的秦漢萬里長城在東方的一段，是穿過遼寧的崇山峻嶺，直跨鴨綠

江的。司馬遷的《史記·匈奴列傳》中記載：「燕亦築長城，自造陽至襄平（今遼陽）……以拒胡。」秦始皇統一六國，更連接燕、趙、秦三國長城，「起臨洮至遼東萬餘里」。自20世紀60年代以來，經過考古工作者的一再探查，終於在遼西發現了燕、秦、漢三段長城遺跡，自西而東橫貫遼寧。遠在春秋戰國時期，各諸侯國先後開始修築長城。今遼

寧西部地區在戰國的時候屬燕國管轄，遼寧境內的燕長城約在燕昭王後期修建。建平縣張家營子鄉秦萬里長城東段，沿用燕的「外線」長城；西漢又在燕、秦長城基礎上加以修復，同時，修築了一道別具風格的墩台長城，建平縣內的一段有墩台50座。明長城的東段在遼寧，即逶迤東去二千里的「遠東長城」（遠東邊牆）。遼寧的明長城主幹線，是綏中西溝長城。它由綏中縣加碑岩鄉經永安堡鄉西溝、錐子山至河口村，東西走向，雄踞於險峻的山嶺，素有「第三八達嶺」之稱。

Travel Smart

瀋陽怪坡風景區

神奇的怪坡是一個長為80多公尺，寬約15公尺，西高東低的斜坡，位於瀋陽市瀋北新區清水塔鎮帽山西麓。它怪在：當你把汽車開到坡下熄火停車後，會驚奇地發現車在自動地向坡頂滑行。騎上自行車感覺會更奇妙：上坡不用蹬，車會飛快地滑向坡頂，下坡卻要用力蹬。 怪坡被發現後，這裡逐漸形成了以怪坡為中心，有20多個景點的風景區。自然景觀除怪坡外，還有清幽秀麗的印山湖、松林槐谷，彎彎的月牙湖，清澈見底的梨花湖，流水叮咚的「霞妹泉」。人文景觀有10多處，既有古老的鵬恩寺、七眼透龍碑，又有現代驚險刺激的同心索橋、遊藝射擊場等。

崇興寺雙塔

崇興寺雙塔位於北鎮市，始建於唐代，是國內現存寶塔中最壯觀、保存最完好的大型雙塔。雙塔東西對峙，相距43公尺，東塔高43.85公尺，西塔高42.63公尺，均磚築實心，為8角13層式。塔座8面，每面寬7.3公尺，下部為石砌，以護塔身。基座分數層，每層均雕飾不同的花紋。第13層作八攢尖收頂，塔高頂有蓮座、寶瓶及剎桿、寶珠，金光閃爍。雙塔建在崇興寺前，故稱崇興寺雙塔。

奉國寺

奉國寺原名咸熙寺，金代改名為奉國寺；因大雄寶殿內塑有七尊大佛，故又名七佛寺或大佛寺。它位於義縣東街路北，始建於遼代開泰九年（1020），後經歷代戰火的破壞，今僅存大雄寶

圖為奉國寺寺門上的銅質輔首。口銜門環的銜獸面目猙獰，令人頓生敬畏之心。

殿、無量殿、碑亭、牌坊等建築，但仍不失為現存最大的遼代寺院。大雄寶殿極為壯麗，是當今僅存的遼代木結構單層建築。大雄寶殿建在磚砌高台上，高21公尺，面闊55.6公尺，進深32.8公尺，前開三門，後闢一門，異常雄偉。寶殿內樑枋、斗拱及樑架底面上，至今保留著遼代的飛天、荷花、牡丹等彩繪數十幅。這些彩繪，不僅筆法細膩，而且形象生動。寶殿內柱礎為石造，其四周雕以牡丹、蓮花等圖案。這些圖案，不僅刀法遒勁，而且線條分明，均為世所罕見的遼代藝術。奉國寺不僅是研究遼代文化的寶庫，也是遊覽觀光的勝地。奉國寺附近還有萬佛堂石窟，也頗具觀賞價值。

鳳凰山

遼寧省鳳城市內的鳳凰山，是遼東第一名山，素有「遼東景勝首鳳山」的說法。鳳凰山屬於千山山脈，山勢呈環狀，南面開口，中間是裂地。山上的景物以巒石見勝，遠望奇山怪石嶙峋，入山後則是峰廻路轉，環境幽靜。據載，唐太宗李世民東征時來到這裡，當其攀登到山腰時，忽然看到一隻鳳凰從山洞裡飛出來，向唐太宗朝拜不已。李世民大喜，認為是吉祥之兆，便

賜此洞叫「鳳凰洞」，此山叫「鳳凰山」。因此，從唐代以來，此山即為名勝遊覽地。山中摩崖石刻甚多，有「振衣千仞」、「山高水長」、「互立中天」、「天高氣爽」等，每個字約有桌面大小，筆體雄渾蒼勁，氣勢豪壯。鳳凰山主要景觀有紫陽觀、觀音閣、鳳凰洞、鳳淚洞等。山上有「天女木蘭」，是世界有名的珍貴花卉。

老虎灘

老虎灘公園位於大連市區東南，距市中心5公里，是一座三面環海一面靠山的天然海濱公園。以其中的老虎洞最負勝名，洞口有一石碑，上書「老虎洞」，洞口左立一石雕老虎，怒視大海。老虎洞是沿著岩層的裂隙剝蝕而成的，是上窄下寬的楔形洞，洞上方寬約1公尺，洞深約7公尺，由南向北延伸，洞壁平整，有狀如鏡子的光面和凹凸不平的溝痕。當巨浪衝擊海岸岩石時，斷裂帶上破碎的岩石就墜落下來，這樣經過漫長的歲月，在大海的波浪作用下，洞穴就形成了。遊人到此不惜盤旋上下都要觀看這個嵌入岩崖的楔形洞。在老虎洞中可聽到陣陣濤聲，猶如老虎在怒吼。

九連城

九連城位於鴨綠江風景名勝區西南部，丹東市東北12公里處。九連城築於鴨綠江邊土山上，北依鎮東山，形勢險要，為金婆速府路、元婆娑府巡檢司治所。因有9座營圍相連，故明代稱九連（聯）城。現在尚存城址4處，望台5處。一座城址近方形，有東西兩門，南牆長225公尺，夯土牆存高約4公尺。城內出土有遼、金、元時期的各類瓷片、琉璃珠、大石臼、宋「崇寧重寶」銅錢、遼大尚書吏部之印、萬戶之印、契丹古銅印、梯形灰磚、布紋灰瓦等。這裡是明清時中國與韓國的通商要地，是兩國使節往返必經之路。明朝王之誥巡視九連城賦詩云：「九連城畔草芊綿，鴨綠津頭生暮煙。對岸鳥鳴分異域，隔江人語戴同天。」附近有河尖古城址，為漢代安平縣城遺址，呈長

九連城。

奉國寺大雄寶殿內的佛壇上從西到東塑有梓迦牟尼等7尊佛像，最高的一尊高8.6公尺，高大莊嚴。在每尊佛像的前邊還各有一對高2.5公尺的脅侍菩薩，形態傳神。

方形，土夯城垣，殘高1公尺，南北長600公尺，東西寬500公尺，城外東南側有漢墓。城內出土有漢代五銖錢、繩紋陶器片和印有「安平樂未央」篆字的圓瓦當。

千山

千山又名千華山、千頂山、千朵蓮花山、積翠山，位於中國遼寧省鞍山市東南部，是中國著名的風景區之一。千山之所以叫千朵蓮花山，是因為乘飛機從高空俯瞰千山，可見那疊翠的峰巒，猶如千朵怒放的蓮花。千山占地面積約300平方公里，海拔約700多公尺。山中奇峰疊嶂，塔寺棋布，有峰巒999座，故得名「千山」。它那千溝萬壑、蒼松巨石、古刹禪院、松濤林海、流泉飛瀑吸引著廣大遊客，自古為遼東名勝，有「千山無峰不奇，無石不峭，無寺不古」的讚譽。山中有五大禪林、九宮、八庵、十二觀，與重巒密林相映成輝。千山風景區有悠久的歷史。早在隋唐時代，這裡就有建築物。到了遼、金時代，寺廟建築已經初具規模，繁榮時期曾有七寺、九宮、十二觀、十庵等建築。現在還留有許多遺跡，其中的龍泉寺、祖越寺、大安寺、中會寺、香岩寺並稱千山五大禪林。據記載，千山除了五大寺廟以外，還有萬佛閣、一覽亭、羅漢洞、仙人台等名勝古蹟。到了清代，千山就成為遼東著名的遊覽勝地。現在，千山共有4個遊覽區，12個景區，名勝古蹟約200處。以峰秀、石峭、谷幽、廟古、佛高、松奇、花盛而聞名於世。具有景點密集，移步易景的特色。在千山眾多的奇峰中，最為奇特的是千山彌勒大佛。大佛位於千山風景區北部，是一尊由整座山峰形成的天然彌勒坐佛，是中國特大石佛之一。佛像身高70公尺，體寬46公尺，依山而坐，貌似彌勒，形象逼真，神態可掬，栩栩如生。據考證它是約1億年前形成的。

千山遠景。

千山香岩寺。

千山「無松不奇，無石不峭，無寺不古，無處不幽」，古往今來，一直是
吸引眾多遊人的人間勝境。「萬壑松濤百丈瀾，千峰翠影一湖蓮」。千山
由近千座狀似蓮花的奇峰組成，以其獨特的英姿，構成一幅無窮無盡的千

吉林

🌐 行政區劃

吉林省因省會最初設在吉林市而得名,簡稱吉,位於中國東北地區的中部,南界遼寧省,北接黑龍江省,西靠內蒙古自治區,東南以圖們江、鴨綠江為界與北韓為鄰,東面與俄羅斯毗連,邊境線總長1400公里。吉林省域範圍介於東經121°38`～131°17`、北緯40°52`～46°18`之間。東西長約650公里,南北平均寬約300公里。全省面積18萬多平方公里,略呈西北窄而東南寬的狹長形。轄長春、吉林、四平、遼源、通化、白山、松原、白城8個地級市和延邊朝鮮族自治州,20個縣級市、21個市轄區、16個縣和3個自治縣。省會為長春市。

長春市

長春市是吉林省省會,位於吉林省境內中部,面積20594平方公里,人口約753.83萬,以漢族為多,有滿、朝鮮、回、蒙古、錫伯等少數民族。轄7區和農安縣,代管2個縣級市。市區地處長白山地向松嫩平原的過渡地帶。東部多丘陵低山,西部為台地平原。松花江及其支流飲馬河、伊通河等流貫市境。有新立城、石頭口門、太平池等大型水庫。有煤、母葉岩、石灰石等礦產。工業有機械、輕工、紡織、冶金、煤炭、食品、石油、輕工、建材等行業,以汽車、鐵路、機車、客車、拖拉機、摩托車生產為主的機械製造業在國內居重要地位。農業主產玉米、豆類、稻穀,兼產甜菜、向日葵等。長春市的榆樹鄉還被譽為「大豆之鄉」。長春市為東北中部交通樞紐。名勝有長春電影城、淨月潭國家森林公園、卡倫湖旅遊度假村。古蹟有偽滿洲國皇帝溥儀的皇宮和遼代農安古塔等。

吉林市

吉林市位於省境中部,其東北部與黑龍江省接壤,面積27711平方公里,人口約426.24萬,以漢族為多,有滿、朝鮮、回、蒙古、錫伯等少數民族。吉林市轄昌邑、龍潭、船營、豐滿4區和永吉1縣,代管樺甸、蛟河、舒蘭、磐石4個縣級市。吉林市原為吉林省省會,1954年省會遷長春,吉林市成為省轄市。吉林市地處吉東低山丘陵區,原名「吉林烏拉」,滿語為「沿江」之意,是吉林省第二大城市。境內有松花江、輝發河、拉法河、飲馬河等河流。年降水量約646.8毫米,年均溫4.76℃,1月均溫－17.3℃,7月均溫22.8℃,屬中溫帶大陸性季風氣候。礦藏及動植物資源豐富。吉林市為中國化學工業基地,是東北地區鐵路樞紐之一。豐滿、白山、紅石等三大發電廠,在東北區電網中占有重要地位。吉林霧淞為中國著名四大景觀之一。

通化市

通化市位於省境東南部，東瀕鴨綠江與北韓相鄰，面積15612平方公里，人口約221.1萬，以漢族最多，有滿、朝鮮、蒙古、回、錫伯等少數民族。通化市轄東昌、二道江2區，通化、輝南、柳河3縣，代管梅河口、集安2個縣級市。通化市地處長白山地，境內多為山丘。東部地區屬鴨綠江水系，主要河流有鴨綠江、渾江、輝發河等。通化市年降水量約871.7毫米，是全省降水量最多的地區，屬溫帶半濕潤季風氣候。森林覆蓋率達70%，礦藏豐富，是吉林省鋼鐵工業基地。

延邊朝鮮族自治州

延邊朝鮮族自治州是吉林省轄自治州，位於省境東部，東與俄羅斯濱海邊疆區毗連，南與北韓咸鏡北道、兩江道隔圖們江相望，北與黑龍江省牡丹江市接壤，面積4.33萬平方公里，人口213.58萬。延邊朝鮮族自治州有漢、朝鮮、滿、回、蒙古、錫伯等11個民族，其中朝鮮族占自治州人口的36.4%。州府駐延吉市，轄2縣6市。自治州境內多山地，主要河流有圖們江、松花江、牡丹江、綏芬河。延邊朝鮮族自治州屬中溫帶濕

長春淨月潭滑雪基地以其優美的環境和優良的雪場條件，吸引著大量的滑雪運動愛好者。

潤季風氣候，為農業集中地。烤煙居全省首位，為吉林省烤煙基地。盛產蘋果梨。特產有人參、鹿茸、貂皮、熊膽等。木材蓄積量占全省半數。自治州建有琿春經濟開發區，有「東北亞金三角」之稱。

經典座標 朝鮮族

朝鮮族是一個勤勞勇敢、能歌善舞而又熱情好客的民族。

朝鮮族有人口115萬（2015），主要分布在東北三省，聚居在吉林省延邊朝鮮族自治州和長白朝鮮族自治縣。朝鮮族擅長在寒冷地區種水稻，延邊是東北地區著名的「水稻之鄉」，所產大米，色白如雪，油性大，與京津的「小站稻」齊名於世。朝鮮族有自己的語言文字，語言系屬尚無定論。朝鮮族重視教育，民間有「不論生活多困難，也要孩子把書念」的俗諺。這是具有深遠意義的愛與責任感的體現。因而在朝鮮族中湧現出一大批科學技術和文化藝術人才。朝鮮族有一個獨特的習俗是「擣衣」勞動。每到中秋左右，婦女們都要拆洗被褥衣服，進行洗曬噴漿，待其半乾後疊成長方形在砧上捶打。民族體育有壓跳板、盪鞦韆、摔跤等。朝鮮族的涼麵、泡菜全國馳名。

歡慶節日的朝鮮族村民

體育之鄉

朝鮮族是個愛好體育運動的民族。足球、摔跤、滑冰、跳板、打鞦韆等活動都具有非常廣泛的群眾性。延邊還素有「足球之鄉」的美譽。婦女的體育運動是盪鞦韆、跳板和頂罎競走。她們盪鞦韆的特點是：高、飄、悠、巧、柔、美、歡。鞦韆繩一般都拴在高大樹木結實的橫枝上，在鞦韆前方的上空懸有彩帶或鈴鐺，盪起的鞦韆板能觸及這個標誌才能贏得歡呼與讚揚。朝鮮族民間有句俗話說：「姑娘時不跳跳板，出嫁後就會難產。」因此，跳板運動很受重視與喜愛。站在跳板兩端上的姑娘輪番連續起跳，逐漸將對方彈送得更高。在身體騰空時能表演出驚險動作者最受歡迎，如剪式跳、旋轉跳、空翻跳，甚至跳藤圈、做造型、舞花環、揮彩帶等，令人眼花繚亂，驚歎讚賞。

美食之鄉

在朝鮮族的飲食中，最出名是涼麵和泡菜。涼麵多於夏季食用，一般用小麥粉、蕎麥粉和甘薯澱粉混合製成麵條，以牛骨煮湯，食用時湯中加冰塊、辣椒、醬牛肉片、蘋果片及其他調料。麵條筋道，湯味香辣，入口涼爽，回味長久。泡菜，從狹

義上來說，可理解為冬季醃製的酸辣白菜；從廣義上來說，可理解為包括數十種之多的各樣醬醃菜，主要有小青椒、南沙參、桔梗、縷菜、白芨等。當然，朝鮮族的美食絕非這兩類可以代表。涼菜較著名的有生拌牛肉、生拌牛百葉、生拌魚、生拌鮮菜等。湯類有30多種，不同季節喝不同的湯，其中醬湯最具代表性，非常講究。

盪鞦韆

舞蹈

朝鮮族以能歌善舞而著稱於世。朝鮮族的歌舞藝術具有悠久的歷史傳統和十分廣泛的群眾基礎。在朝鮮家庭族之中，每逢喜事全家老小便會翩翩起舞，形成極為有趣的「家庭舞會」。朝鮮族舞蹈優美典雅、剛柔相兼，充分表現了朝鮮族柔中帶剛，文而不弱的民族性格。著名的民間舞蹈有農樂舞、長鼓舞、扇舞、頂水舞、劍舞等。農樂舞由古代慶祝狩獵豐收的舞蹈發展演變而來，節奏明快，氣氛熱烈。朝鮮族歌曲旋律優美、自然流暢，著名的民歌《桔梗謠》、《阿里郎》、《諾多爾江邊》，幾乎人人會唱，家喻戶曉。朝鮮族非常重視對兒童的美育教育，從小便對他們進行藝術薰陶，因此許多孩子都會演奏長鼓、手鼓、手風琴等樂器。

朝鮮族農樂舞

婚俗

朝鮮族的婚禮分為新郎婚禮和新娘婚禮。新郎騎馬去迎親，在新娘家舉行的婚禮叫新郎婚禮；新娘坐轎到新郎家後舉行的婚禮叫新娘婚禮。舉行婚禮的當晚，新郎新娘的近親和村子裡的青年男女都會為他們開娛樂晚會，歌舞晚會經常進行到深夜。

👥 人口、民族

　　吉林全省總人口共2753萬（2015），每平方公里約145人，稍高於全國人口平均密度。人口分布不均，中部密集，東、西部較疏。長春市所屬縣、區每平方公里為300人以上，延邊朝鮮族自治州每平方公里僅50人左右。由於歷史上商品經濟的發展和鐵路網的形成，全省城鎮數目和城鎮人口均較高。吉林省是多民族省份，漢族占91%，朝鮮族占4.2%，朝鮮族主要聚居於延邊朝鮮族自治州和省境內的東部、中部，滿族、回族散居境內各地，蒙古族主要居住在西部地區，此外還有回、錫伯等48個少數民族。

🏛 歷史文化

　　長白山、松花江、鴨綠江、圖們江哺育了吉林這塊土地上的民族，在長期的社會實踐中，吉林各族人民創造了獨具特色的地域文化。吉林的文化形態大抵是滿族、朝鮮族文化形態同中原文化相融合而成的。這種文化形態，既有東北獨特的文化內容，又有中原地區漢民族的文化內容。如：「窗戶紙糊在外」、「姑娘叼個大煙袋」等習俗；既有滿族先民生活習慣和習俗的基礎，又有中原文化內容的融入。另外，它還具有開發者創業精神的內涵，是中原勞動者「闖關東」形象和中華民族重親情的一種美德形態的綜合結晶。

北山廟文化

　　吉林北山因其特殊的廟群而聞名於世。它除了北方民間常見的關帝廟、玉皇閣外，還有藥王廟。在東北民間，藥王廟、娘娘廟和人們的生活至關重要。農戶人家種大田，生老病死都和藥王有關係。娘娘廟會更是姑娘、媳婦們喜歡去的地方。一是有什麼心思，可對「娘娘」說說；二是可借此機會見見世面、會會情人。因此，北方的廟會是舊時女人們外出的重要理由。吉林

朝鮮族舞蹈。

吉林北山主峰上的曠觀亭。

慈禧太后像。

北山廟會和遼寧千山廟會統稱中國北方兩大廟會。古時吉林民間曾有「千山寺廟甲東北，吉林廟會盛千山」之說。廟會既然是人的集會，當然也是民族、民間文化傳承融會的重要場所，是民間各種身懷絕技之人的集會之地。從前，吉林北山廟會每到初八、十八和二十八，除來上香火的人外，各類小吃名廚、民間手工藝人、武功雜耍藝人和二人轉民間小戲藝人，都要在山下買或租一塊「廟地」，以展示自己的技藝。久而久之，各路藝人都以能在北山廟會施展身手而自豪。

慈禧太后

慈禧太后（1835～1908）又稱「西太后」，滿族鑲藍旗，葉赫那拉氏，出生地為現在的吉林四平市梨樹縣葉赫滿族鎮。她17歲的時候被選入宮，封為蘭貴人，很快便成為咸豐皇帝的妃子，生子後被封為懿貴妃。咸豐駕崩後，被尊為「慈禧太后」。1861年10月，慈禧太后聯合恭親王等大臣發動辛酉政變，以迅雷不及掩耳的速度，廢了八位「贊襄政務王大臣」，開始「垂簾聽政」。她還採用洋務派「自強」、「求富」的方針，開辦新式工業，訓練新式海軍和陸軍。1898年光緒帝實行戊戌變法，慈禧太后再次發動政變，囚禁光緒，廢除新法，捕殺維新派。義和團運動興起後，她先鎮壓後安撫，然後利用義和團的愛國熱情與八國聯軍開戰。八國聯軍攻入北京，她攜光緒帝逃往西安，下令清剿義和團以向八國求和。1908年11月15日慈禧太后病死，結束了對清王朝47年的統治。

偽滿洲國

日本占領東北，在關東軍操縱下成立偽滿洲國。1932年3月9日，偽滿洲國建國及清宣統帝溥儀就任偽滿洲國執政儀式在長春舉行。東北三省的張景惠以及各省區文武官員參加，日本關東軍司令官本莊繁、特務土肥原賢二、滿鐵總裁等也出席了儀式。偽滿洲國定年號為「大同」，國旗為「新五色旗」，定「都」長春，改長春為「新京」。溥儀任命鄭孝胥為國務總理。1934年3月1日，「滿洲國」改稱「滿洲帝國」，改年號為「康得」，溥儀改稱皇帝，鄭孝胥改稱總理大臣。1932年9月，偽滿洲國與日本簽訂《日滿議定書》，使日本帝國主義有權操縱中國東北政治、軍事、經濟、文化等一切大權。

溥儀（中坐者）就任「滿洲國」執政時的合影。

🏔 地貌

吉林省地勢由東南向西北遞降。以中部大黑山為界，全省地形、地貌大體上可分為東部山地和西部平原兩個地貌單元，山地約占全省面積的3/5，西部平原占2/5。長白山脈是東部山地的主體部分，中國一側的主峰白雲峰海拔2691公尺，為東北地區的第一高峰。東部山地在地貌上，有平行的山脈、丘陵和寬廣的山間盆地、谷地相間分布。西部平原地勢低平，海拔一般為120公尺～250公尺，包括東部山前台地、松遼分水嶺和松遼平原等地。

位於長春市區東北角的偽滿洲國皇宮是中國末代皇帝愛新覺羅・溥儀的宮殿。

吉林丘陵地帶中沿河一帶有成串的小盆地群，海拔200公尺～250公尺。

長白山脈

長白山脈位於東北地區東部，由多列東北—西南向平行褶皺斷層山脈和盆地、谷地組成。山地海拔大部分為500公尺～1000公尺，僅部分超過1000公尺，2000公尺以上的山地都在天池附近，最高峰為白雲峰，海拔2691公尺。長白山山地主要由花崗岩、玄武岩、片麻岩和片岩組成，而花崗岩分布面積最廣。山地廣布的花崗岩和變質岩，由於受風化和流水的侵蝕作用，山地出現了許多巍峨的山峰和狹窄深陡的峽谷。山間盆地、谷地盛產稻米、煙葉，是東北地區著名的山間「穀倉」。

長白山地區的火山活動由新第三紀一直延續到人類歷史時期，共有7次大的噴發，形成廣泛分布的各種火山地貌。自有歷史記載以來，長白山曾有過三次火山噴發。長白山地垂直自然景觀帶明顯，1960年已建立了長白山自然保護區，並被聯合國列為國際生物圈保留地組成部分，是中國溫帶森林生態系統最大綜合性自然保護區。

吉林丘陵

吉林丘陵屬長白山地一部分，位於吉林省中東部，由3列並行北北東一南南西山嶺組成。東為張廣才嶺、威虎嶺、富爾嶺和龍崗山脈；中為老爺嶺和吉林哈達嶺；西為大黑山脈，一般海拔300公尺～600公尺，相對高度50公尺～400公尺；僅個別山峰超過一千公尺。山勢一般以平緩渾圓為特徵。地貌上低山丘陵與盆地、谷地相間分布，盆地、谷地寬闊，如吉林、梅河口、樺甸、蛟河、新站等，均以富庶著稱，譽為「山間穀倉」，是吉林省開發較早的地區。墾殖指數一般為20%～30%。坡地以旱田為主，多種植玉米、大豆。溝谷平原多闢為水田，是省內主要水稻產區。林副業發達，多養鹿、養蜂，種植煙草和人參。

從長白山十六峰的峰頂探身俯視，只見群峰環抱中，嵌著一泓橢圓形的湖水，這就是天池。天池是一火山口湖，湖水平靜晶瑩，彷彿一塊碩大的藍寶石；湖水中斑斕的峰影彷彿印在水面，天上的白雲在水面上輕盈而緩慢地飄動。天池又叫「龍潭」，《長白山徵存錄》上有這樣的記載：「雲霧演溟蒙，水鳴如鼓，故名龍潭。」

小白山

小白山位於吉林市郊西南白山鄉境內，因形似長白山且主峰冬夏積雪，故名。登山頂可俯瞰全市及蜿蜒東流的松花江。傳說清朝始祖降生於長白山，後人遂稱長白山為聖山，每年騎馬驅車前往祭祀。由於路途遙遠，交通不便，清乾隆三年（1738）選小白山作為替山。

小白山雪景。

💧 水系

吉林省境內主要河流有200餘條，分屬松花江、遼河、圖們江、鴨綠江、綏芬河5大水系，其中以松花江流域最大，約占全省面積的70％，年均徑流量418億立方公尺。淡水水面6400平方公里。東部山區河網密集，水量豐富，河流落差大，建有大、中型水庫108座，小型水庫近1000座，尤以松花湖和豐滿水電站最有名。河流有春夏兩汛，6月～9月為夏汛期，11月上旬結冰，次年4月上旬融化，結冰期160天左右，封冰期約130天。

松花江

松花江在吉林省境內的主要支流有輝發河、飲馬河、伊通河、呼蘭河等。松花江是省域內流程最長、流域面積最大的河流。其源頭有兩處：一是長白山主峰白雲峰南麓諸水匯成的頭道江；二是自天池瀉流而下的二道白河匯北麓諸水後的二道江。兩源匯於撫松縣兩江口後始稱松花江。全長2308公里，流域面積54.6萬平方公里。松花江流向西北，進入吉林省域中部，流經14個縣、市，加上支流共流經26個縣、市，流長920公里，流域面積123030平方公里（約

松花江的上游也就是正源二道白河，發源於長白山天池，向北流至兩江口以下稱二道江，與頭道江匯合，向西北流至扶餘縣匯合嫩江後稱松花江。

占全省土地面積的64％），年總流量約170億立方公尺。幹流主要水文特徵是：水位和流量的季節變化大，一年中有春汛和夏汛之分，夏汛流量較大；其次，河流含沙量少，上、中游流經森林地帶，且有白山、松花湖等水庫控制，故水流較清澈；第三，封冰期長，全年約4個月；第四，河源和上游段山高谷深，水流湍急，水力資源豐富。松花江的上游水力資源豐富，建有豐滿、白山等大型水電站；中下游航運發達，沿江主要為工農業區；下游是重要漁業基地。

松花湖位於吉林市東南24公里處，為豐滿水電站大壩截江形成的人工湖。湖面長約200公里，寬約10公里，最深處70公尺，可灌溉50多萬畝農田。湖中盛產白魚、鯉魚、鯽魚。松花湖水平如鏡，四周層巒疊嶂，風景宜人。

圖們江

圖們江為中韓界河，源於長白山主峰東麓，在吉林省境內流長490.4公里，流域面積22639平方公里。滿語中圖們江被稱為「圖們色禽」，意為「萬河之源」。圖們江上游山林茂密，多峽谷峭壁，水流湍急，水量豐富；中游河谷較寬，有開闊的沖積平原；下游河道寬闊，多叉流、沙洲。洪、枯期流量變化懸殊，最大流量達1.13萬立方公尺／秒，最小流量僅7立方公尺／秒。平均年流量225立方公尺／秒。

圖們江上建有象徵中韓兩國人民友誼的「中韓友誼之橋」。

吉林冬景。

☁ 氣候

吉林省境東南部山地氣候濕冷，西北部平原接近內蒙古高原，氣候乾暖。全省屬溫帶大陸性季風氣候，春季乾燥多風，夏季溫暖多雨，秋季晴冷溫差大，冬季漫長乾寒。1月均溫－20℃～－14℃，7月大部分為20℃～23℃，日均溫10℃以上，活動積溫2400℃～3000℃。年降水量400毫米～1000毫米，降水分布自東向西遞減：長白山地東南側年降水量800毫米～1000毫米，西部平原的台地年降水量500毫米～700毫米，平原部分年降水量多在400毫米～500毫米，氣候乾旱。

🌲 自然資源

吉林省已經探明儲量的礦種有86種，其中安山岩和浮石是國內僅有的礦種，油葉岩、矽灰石、火山渣儲量居全國首位。石油和油葉岩主要分布在中、西部，其餘大部分礦種和大部分儲量相對集中在東部地區。森林資源面積占全國森林面積的5%，居全國第七位，主要集中在長白山區。全省有陸生野生動物446種，野生植物3980多種。設有長白山自然保護區、向海自然保護區、龍灣自然保護區、莫莫格自然保護區4個國家重點自然保護區。

猴頭菇。

松毛翠

松毛翠屬於杜鵑花科，常綠小灌木，高10公分～30公分。葉硬革質條形。花冠粉紅色或紫堇色。蒴果近球形。松毛翠廣泛分布於俄羅斯、蒙古、朝鮮半島、日本及歐洲、北美。但在中國僅分布於吉林長白山和新疆阿爾泰山地區，多生於海拔1700公尺～2500公尺處的高山陰坡和半陰坡上。屬國家三級保護植物。

卷丹

卷丹屬於百合科，多年生草本，莖直立，株高80公分～150公分，被白綿毛。葉互生，披針形，長5公分～20公分，寬0.5公分～2公分。總狀花序生莖頂，花被片6枚、反卷、橘紅色，具褐色斑點，雄蕊6枚，長而伸展。蒴果卵形。地下鱗莖扁球形，直徑4公分～10公分，可以食用，也可入藥。卷丹的花大而美麗，也可以栽培供觀賞。

猴頭菇

猴頭菇是一種名貴、珍稀的食用藥菌，素有「山珍猴頭海味燕窩」之說。猴頭菇性平，味甘，微苦澀，內含多種氨基酸和多種肽、多糖、脂肪族醯等抗癌物質。經常食用對延緩動脈硬化，減少膽固醇，防癌、抗癌有顯著療效，是增智益神，扶正固本的理想保健品。

岳樺林

岳樺林屬於過渡林型，生長於海拔1800公尺～2000公尺之間，像一條不規則的山裙，圍繞在長白山火山錐體的下部。這裡地面坡度陡峭，月平均氣溫為10℃～14℃，生長季節常有八級以上大風；土質薄，雨量大，年平均降水量達1000毫米～2000毫米。一般的樹種已經不能適應這種惡劣的自然條件，就是素有傲風鬥

松毛翠。

猞猁無固定窩巢，常把其他動物廢棄的窩當做「家」，或者棲居於岩石縫隙、樹洞中。

雪之稱的青松，也不能適應這裡，唯有最耐寒的岳樺占據著這段垂直空間。岳樺林是由岳樺組成的矮曲林或稱矮疏林。岳樺能適應高山嚴寒的氣候和瘠薄的土壤，矮曲多枝，形成半叢生狀態，較發達的根系使它具有頑強的抵抗力，因此，岳樺林構成了長白山垂直分布結構系統的森林上部界限。每年七八月間馬鹿、黑熊、野豬、子等常在此躲避酷暑。

猞猁

猞猁又叫林、猞猁猻、馬猞狸，體形似貓，但個頭比貓大得多。猞猁體長85公分～130公分，體重可達18公斤～32公斤，頭小而圓，嘴鼻和眼窩較大，一對閃耀著綠光的眼珠，像兩顆寶石炯炯有光。猞猁最引人注目的是兩隻直立的耳朵，耳端生著一撮毛筆般聳立的黑毛，兩頰有長毛左右垂伸。

牠的尾巴又短又圓，不到體長的1/3，尖端呈黑色。體背粉紅棕色或灰棕色，還鑲嵌著黑色斑紋；腹部白色，有少量灰棕色斑點。牠晝伏夜出，善於爬樹，經常捕食鳥類，獵取鳥蛋，偶爾也捕捉小型獸類。猞猁會游泳，卻很少下水。猞猁在捕食比自身大得多的動物時，常採用靜待突擊的方式。由於猞猁的耐性很好，所以牠能在一處「靜候」幾晝夜，待獵物走近才下手出擊。牠的天敵是狼、虎和豹。

梅花鹿

梅花鹿別名花鹿、鹿，屬於鹿科。梅花鹿是一種中型鹿，體長140公分～170公分，肩高85公分～100公分，成年體重100公斤～150公斤，雌鹿較小。雄性梅花鹿有角，一般四叉。梅花鹿背中央有暗褐色背線，尾短，背面黑色，腹面白色。因其夏毛棕黃色，遍布鮮明的白色梅花斑點，故稱「梅花鹿」。梅花鹿生活於森林邊緣或山地草原地區，隨季節不同，棲息地也有所改變。雄鹿平時獨居，發情交配時歸群。晨昏活動，以青草樹葉為食，好舔食鹽鹼。9月～11月發情交配期，雄鹿間爭雌現象很激烈，各自占有一定的地盤範圍。雌鹿次年4月～6月產仔，每胎1仔，幼仔身上有白色斑點。梅花鹿屬於國家一級保護動物，主要分布在中國東北、安徽、江西和四川。

圖中梅花鹿正機警地向四周觀望。

經濟

吉林省是農業大省，是國家重要商品糧基地，被稱為「黃金玉米帶」，人均糧食產量、糧食商品率、玉米出口量均居全國首位。西部草原地區牧業發達。工業以汽車、醫藥、電子、食品為主。以汽車產業為主體，鐵路機車、客車、拖拉機和摩托車等機電工業發達。以長白山藥用動植物資源為依託的醫藥工業、以高科技產品開發為主導的電子工業等均較發達。交通以鐵路為主，公路為輔，航運水運相銜接。省會長春是東北交通樞紐之一。省境內鐵路縱橫，其密度居全國前列。航空以長春為中心，有40多條國內外航線。

吉林化學工業集團公司自1997年投入使用30萬噸乙烯工程後，每年向全國提供達130多萬噸市場緊缺的有機化工原料。圖為化工投料階段的10萬噸高碳醇裝置。

農業

吉林省除了是中國重要商品糧基地外，還是大豆重點產區和林業、甜菜基地，並有牧業、煙草及山林特產等多種農業經營。在各類用地中，農業用地占土地總面積21.1%，林業用地占48.6%，牧業用地占8.1%。土地墾殖率以中部各縣最高，一般為50%左右，東部低於西部。林地面積東部多、西部少，草原草坡面積則西多東少。吉林省無霜期較短，冬季氣溫很低，作物越冬困難，因此為一年一熟區。除種植水稻連作外，大部分地區是旱田一年一熟單作制，並實行大豆與雜糧輪作。

工業

吉林省工業基礎雄厚，經過多年的發展，形成了有特色、有優勢、有潛力的工業體系，是國家重工業生產基地之一，是汽車工業、石油化學工業的搖籃。現有工業企業3000家左右。其中，機械、石油、石化、醫藥、食品、冶金、電子等行業在全國都占有重要位置。近年來，工業企業改革按照「三改一加強」的總體要求，全面啟動現代化企業制度建設，通過兼併、破產和資產重組，五大支柱產業實力進一步增強，一批困難企業重新煥發了生機。

交通

　　吉林省的鐵路交通十分發達，全省鐵路線總長4000多公里，是中國鐵路網密度較大的省份之一。京哈線可以直達北京等重要城市。公路以長春、吉林、通化、白城、四平、延吉等地為中心，四通八達，連接全省所有鄉鎮和絕大多數行政村。高速公路總里程目前已達3113公里。省內共有內河港口5處，水路運輸以松花江為主幹。擁有長春、吉林、延吉、柳河等多座機場。

吉林市松花江大橋夜景。

✈ 旅遊地理

　　長白山的茫茫林海，巍巍高山，保存著完整的中溫帶和寒溫帶的自然環境和生態環境，主峰白雲峰周圍火山遺蹟眾多，長白山天池就仰臥在山巔，還有多條瀑布，是國家重點自然保護區之一，被納入聯合國「人與生物圈」保護網。此外還有向海、莫莫格等自然保護區，都是水草豐茂、珍禽集中的地方。吉林省內還有很多遊覽、滑雪、登山、療養的好去處。松花江和松花湖，綽約多姿，尤其是冬日的霧淞聞名全國。此外，位於輝南、靖宇之間的龍崗火山群，是中國第二大火山群。多見於南方的石灰岩洞景觀在吉林省也能找到。文物古蹟中有關高句麗古國的最多，還有渤海國的遺蹟、偽滿洲國的宮殿等。

靈光塔

　　靈光塔位於吉林長白縣城西北1公里處的梨樹溝村口，是中國唐代渤海國（698～926）磚塔。相傳很久以前，大海變遷時，萬物傾覆，唯古塔高撐如柱、歸然獨存，故得名為靈光塔。塔為方形密簷樓閣式，磚砌，今存5層，通高13公尺，由地宮、塔身和塔剎三部分組成。地宮係藏舍利處，磚砌四壁，頂蓋石板，有排水暗溝連通滲水井。靈光塔的塔身建於地宮蓋石頂部的夯土層上，逐層向上內收，各層簷部以平行疊澀與

菱角牙子交互砌築，簷角微翹，凌空舒展。第1層高約2.8公尺，南設券門，四面鑲砌青灰色大塊花紋磚，東西為陰刻蓮瓣紋，南北陰刻捲雲紋。花紋磚輪廓由「王立國土」四字構成。第2至5層砌有方形直櫺窗，第2、3、5層有方形小龕。塔身內部為空腔式結構。原塔剎已毀，後所見葫蘆形頂，係1936年修葺時經四圓底金屬盆扣合而成。1984年安裝新塔剎，並設避雷針。靈光塔是渤海國仿唐建築，為現存東北地區古塔中年代最早者，對研究唐代渤海疆域、設治、佛教建築，及其與中原文化的聯繫等，具有重要價值。

靈光塔是吉林省唯一的唐代渤海國古建築遺蹟。

龍潭

龍潭，又稱水牢，在龍潭山高句麗山城西北角最低處。龍潭是古人利用泉眼修建的貯水池。潭水主要是由山上的雨水或積雪流下聚積而成，又因潭下有泉眼，池水從不乾涸，水位變化也不大。潭四壁以花崗石條疊砌，呈長方形，東西長52.8公尺，南北寬25.7公尺，潭水碧綠，水深約10公尺。每當皓月當空，潭中倒映月影，素有「龍潭印月」之美名。潭東有一株樺樹，高30

阿什哈達摩崖石刻在吉林市東南15公里的松花江北岸山上，為摩崖石刻文字碑。第一碑高1.35公尺，寬0.7公尺，刻字三行；第二碑在第一碑西30公尺處，正書豎刻文字7行。

餘公尺，枝幹挺拔，樹葉繁盛，與眾不同，相傳1754年乾隆東巡至此，封為「神樹」。

吉林霧淞

霧淞俗稱「樹掛」，是由霧、水蒸氣凍結、凝聚在地面物體迎風面上形成的乳白色疏鬆的微小冰晶或冰粒。遠遠看去，就像一層霜，薄薄地塗在枝條上。霧淞這一奇特的自然景觀要在−20℃以下並且晝夜溫差不顯著，還要有足夠的濕度才能形成。冬天的松花江本是結凍的冰河，但是由於豐滿水電站巨大渦輪機組日夜運行，河水穿過渦輪機時，溫度升高到4℃以上，所以從豐滿水電站至吉林市區，數十公里的江面不結凍。這樣江面與寒冷的地面之間形成氣壓差，飄浮的水蒸氣與霧夜間籠罩江岸垂柳，凝華成晶瑩乳白的霧淞。吉林市的霧淞多屬於晶狀霧淞。吉林市霧淞比哈爾邦濱霧淞持續時間長，最盛時一個冬季有60多天可以看到這種千樹萬樹冰花開的奇景。一般在春節前後，吉林市霧淞最為壯觀綺麗。吉林市霧淞與桂林山水、長江三峽、雲南石林並稱為中國四大奇特自然景觀。

鴨園石灰岩洞

鴨園石灰岩洞是北國少有的石灰岩洞風光觀賞地，離通化約25公里，屬於岩溶地貌，組成鴨園石灰岩洞的岩石距今已有4億年的歷史。這些岩石是在當時海洋環境下沉積形成的石灰岩，由於地殼運動形成了斷裂，地下水沿裂隙向下侵蝕，石灰岩地層不斷被溶蝕，逐漸形成了地下暗河。同時，在兩條方向不同的斷裂交叉處，岩石更為破碎，被溶蝕的強度更大，於是形成了一串大大小小的石灰岩洞、溶潭。鴨園石灰岩洞由4個較大的石灰岩洞相互貫通構成，面積達4萬多平方公尺，每個石灰岩洞可容納數百甚至上千人。洞內有地下河道，河水清澈，流水潺潺。河道寬窄變化多樣，寬處有兩公尺多，窄處不到一公尺。暗河深淺不一，深處有十餘公尺，淺處僅有幾十公分，暗河兩壁溶岩絢麗多姿，是洞中勝景之一。

長白瀑布

長白瀑布位於吉林省中韓邊境的長白山天池。天池四周有十六奇峰，在天池北側天文峰和龍門峰之間有一缺口，靜靜地流出一道水來，水在碎卵石上越流越快，形成人間天河—「乘槎河」。

美麗的霧淞是吉林冬季的名片，每年一月吉林市都會舉行霧淞冰雪節。

長白山在大自然的鬼斧神工下，形成千姿百態的群峰和高山台地。冬季的長白山景色更是秀麗迷人，險峻峰巒上白雪皚皚，密布的湖泊和繁茂的森林共同繪就了一幅幅美妙無比的畫卷。

鴨園石灰岩洞內石柱如林，均為灰白色，粗細皆有，勝似冰雕玉琢，周圍石幔簇簇，形態各異。

河水流經1250公尺後從山口噴湧而出，飛流直瀉，形成高達68公尺的瀑布，如玉龍撲向谷底，四季奔流不息，景象蔚為壯觀。瀑布口有一巨石，名曰「牛郎渡」，將瀑布分為兩股勇猛的水柱撲向突起的石灘，沖向深深的谷地，濺起數公尺高的飛浪，猶如天女散花。水氣瀰漫如霧，彷彿「銀河落下千堆雪，瀑布飛流萬縷煙」。幾十里外可聞其咆哮聲從天而降，雷霆萬鈞，雲翻雨傾，景象十分壯觀。

淨月潭

淨月潭風景區位於長春市東南郊，風景區占地面積83.23平方公里，分為潭北山色、潭南林海、月潭水光、潭東村舍四個景區，以水景為主，山林、村舍相映襯。景區地處省境東部山地向西部草原的過渡地帶，跨長白、內蒙古、華北三個植物區系，森林植被十分豐富。有大片森林、山花、藥用植物和60多種鳥類、80多種其他動物。周圍山勢起伏，五道山梁由東南向西北延伸，連綿不斷，溝壑縱橫。風景區內古木參天，芳草如茵，環境清幽。淨月潭水面面積四平方公里，形似彎月，鑲嵌在山巒起伏的林海之中。潭水映著群山，仙鶴野鴨在水中悠然嬉戲，山雞、松鼠在叢林間奔逐跳躍，潭近水一側和山林中，有金代墓葬兩處。景區現修有高速公路，建有林業科學研究機構、綠化宮、植物園、太平樓以及森林餐廳、遊樂館、度假村、舞廳、森林商店、水上餐廳等，已成為春夏郊遊、冬季觀雪的旅遊勝地。

有人曾把長白瀑布形容為長白老人的三縷銀髯，老人正抔著長髯，口若懸河地講述著長白山古老的故事。

群山、綠樹環繞的淨月潭異常明淨。

北國之秋，一片寧謐的金黃景象。

黑龍江

🌐 行政區劃

　　黑龍江省簡稱黑，因其邊境河流黑龍江而得名。黑龍江是中國最北部的省份，位於中國國境東北部、黑龍江南岸。北部和東部分別隔黑龍江、烏蘇里江與俄羅斯相鄰，南與吉林省接壤，西與內蒙古自治區相連。地處東經121°11`～135°05`、北緯43°26`～53°33`之間。全省面積47.3萬平方公里。全省轄1副省級市、11個地級市、1個大興安嶺地區以及65個市轄區、17個縣級市、45個縣、1個自治縣。省會哈爾濱。

哈爾濱市

　　哈爾濱市是黑龍江省省會，位於省境南部，面積約53068平方公里，轄9區7縣，並代管2個縣級市，全市人口1063萬，以漢族居多。哈爾濱地處松花江中游、松嫩平原中部，地勢南高北低。工業門類齊全，以機電工業為主體。農業主產玉米、大豆、小麥、稻穀。哈大、濱洲、濱綏、濱北、拉濱5條鐵路幹線交會於境內，是東北地區北部最大的交通樞紐。哈爾濱是松花江中心港，哈爾濱機場是東北地區最大的國際機場之一。

齊齊哈爾市

　　齊齊哈爾市屬黑龍江省轄市，位於省境西部，全市面積4.2255萬平方公里，轄7區8縣，並代管1個縣級市，約有人口549.37萬，以漢族居多。它地處松嫩平原西部和大興安嶺東坡丘陵、平原地區，全市地勢平坦。河流以嫩江水系為主，湖泊眾多，有大片沼澤分布。工業以機械和鋼鐵為主體。農業主要生產小麥、玉米、大豆、馬鈴薯、甜菜、葵花籽等。有平（四平）齊（齊齊哈爾）、齊（齊齊哈爾）北

（北京）、濱（哈爾濱）洲（滿洲里）等鐵路和301國道過境。

大慶市

大慶市屬黑龍江省轄市，位於省境西南部，面積21205平方公里，轄5區3縣和1個杜爾伯特蒙古族自治縣。人口277.48萬，以漢族居多。它地處松嫩平原中部，是一座以石油生產為主的新興工業城市。農業主要生產大豆、水稻、玉米，還產甜菜、亞麻等。畜牧業發達。濱（哈爾濱）洲（滿洲里）、通（內蒙古通遼市）讓（大慶市讓湖路）鐵路、301國道、由哈爾濱至大慶高速公路縱橫境內。

👤 人口、民族

黑龍江全省人口3812萬（2015）。百年前黑龍江人煙稀少，主要是滿族等少數民族的祖先在這裡勞動、繁衍生息。清咸豐末年逐漸弛禁後人口大增，而且增長速度不斷加快，是中國人口增長最快的省。其中20世紀50年代後增長的2000多萬人口，一半是從外省遷入的。黑龍江省人口分布一般是南部多於北部，如哈爾濱及其周圍各縣，每平方公里平均為300多人，而大興安嶺地區平均每平方公里的人口只有11人。全省總人口中漢族人口約占95%，少數民族約占5%。省內共有53個少數民族，主要有滿、朝鮮、回、蒙古、達斡爾、錫伯、鄂倫春、赫哲等族。

赫哲族

赫哲族主要分布在黑龍江省同江、撫遠、饒河等市、縣，有人口4000人（2015），是中國人口最少的民族之一。因其分布地區不同，曾有多種名稱，如「那貝」、「那乃」、「那尼敖」等，意思均為「本地人」、「土人」，新中國成立後統一族名為赫哲。赫哲族有自己的語言，無本民族文字。一般認為，赫哲族形成的時間，是以古老的赫哲族氏族為核心，吸收了鄂倫春族、鄂溫克族、滿族等民族成分和原屬於黑龍江流域的其他土著居民以及來到赫哲族分布區居

大慶油田。

住的蒙古人、漢人等成分，在清初形成了較穩定的族體，並在此定居。赫哲族是中國北方唯一以捕魚為主、使用狗拉雪橇的民族。

戴著獸角帽的赫哲族人。

![Travel Smart]

東方第一鎮

烏蘇鎮在黑龍江與烏蘇里江匯合處的小島上，東臨大江，西依小河。從地球經度上看，它是中國疆域的最東端，那裡是最早能見到「太陽升起」的地方，故號稱「東方第一鎮」。在烏蘇鎮看日出，最是新奇有趣。最早時，北京時間2點鐘，就可以看到旭日噴薄而出。烏蘇鎮附近是赫哲族人民的聚居地。赫哲族男女老少個個都是捕魚能手。過去，他們吃魚肉、穿魚皮，住的是地下一半、地上一半、沒有窗戶的「地窩子」；現在，赫哲族的衣、食、住、行都有了天翻地覆的變化，他們駕著機械化船隻在江上捕魚，好不威風。烏蘇鎮雖小，卻很富饒，是中國最大的大馬哈魚漁場。

🏛 歷史文化

　　黑龍江省開發較晚，但黑龍江各族先民很早就在此勞動生息。這裡現存的眾多文化古蹟中有哈爾濱閻家崗遺址出土的「哈爾濱人」的頭骨殘片，有十八站遺址出土的各種打製石器等，距今都已有1萬多年的歷史。還有具有傳統北方民族特色的新開流古文化遺址。古上京龍泉府和上京會寧府曾經還是唐代渤海國都城和金代女真族的國都。由於黑龍江省是多民族聚居的邊疆省份，因此形成了具有自身地方特色的文化內涵。

十八站舊石器文化

　　十八站遺址位於今塔河縣十八站鄂倫春族自治鄉，是舊石器時代晚期文化遺址，距今約有1萬餘年。1975年～1976年，在此採集文物標本1000餘件。其中有刮削器、尖狀器、切割器等。經學者研究比照，此地出土的石器類型和加工技術與華北地區出土的舊石器有許多相似之處。十八站遺址是中國在極北地區發現的重要舊石器時代遺址，對研究原始文化的起源有重要價值。因為它擴大了中國舊石器時代文化分布範圍，同時為進一步探究中國和日本等地區的原始文化關係，提供了重要線索。

渤海上京龍泉府遺址。

興隆寺大雄寶殿前的石燈幢為唐代渤海國時期的遺物。

渤海上京龍泉府遺址

上京龍泉府是中國唐代渤海國都城，是當時中國東北地區著名的大都市之一。698年，族粟末部首領大祚榮初建「震國」，建都敦化敖東城（今吉林省敦化市）。713年，震國受唐朝冊封，改稱「渤海」。755年遷都上京龍泉府。渤海上京龍泉府設5京15府62州，它所轄疆域廣大，東到日本海，北至黑龍江以北，南達遼東半島，有「海東盛國」之稱。上京城是仿唐都長安城形制建造，城有三重，分廓城（外城）、皇城（內城）、紫禁城（宮城）。歲月風雨和戰亂征伐，已將渤海國上京龍泉府改變得面目全非了。上京城遺址坐落在今寧安市東京城，建在四面環山、三面臨水的盆地之中，瀕臨牡丹江，城外有護城河，可見當年城池的堅固和輝煌。

金上京會寧府遺址

金上京會寧府遺址在哈爾濱市東南阿城區舊城南2000公尺處，是一座保存較為完好的唯一的金代都城遺址，俗稱白城。自金太祖完顏阿骨打稱帝，至1153

瓦里霍吞古城

瓦里霍吞古城位於今樺川縣悅興鄉萬里河村，坐落在松花江南岸臨江的土崗上。古城牆依土崗的走勢用土夯築而成，周長3000餘公尺，殘高6公尺。城的東、南、西三牆共設3座城門，東西兩城門的甕牆保存較好。城內有一圓形土台，周長40公尺，高2公尺，遺蹟尚存，不知當時作何用場。城中出土文物有輪製灰陶片、仿定瓷片、布紋瓦片等。還出土有宋朝、金代的銅錢「崇寧通寶」和「大定通寶」。瓦里霍吞古城對研究黑龍江古代史、民族史都有重要的學術價值。

當天邊燃起晚霞，蒼勁的松、楓、樺等數不清的樹上，落滿了蔥郁斑華，幽靜醉人，所有野性的山林都覆蓋一層飄逸的紗，打動人們的心扉。

年海陵王完顏亮遷都燕京，金政權在上京會寧府歷經四帝，統治38年之久。遺址由毗連的南北二城組成。南城內有皇城，在風格上保持著金代古城建築特點，至今保存著午門、宮殿遺址。外城城牆、甕城、馬面、角樓、護城河遺址尚存；在金上京會寧府西300公尺處，是金太祖完顏阿骨打陵址。陵址正方形，高約13公尺，夯土築就，俗稱斬將台。

🔺 地貌

黑龍江全省平原、山地呈交叉分布，地勢大體上西北高，東南略低，西南、東北低平。平原、山地各占全省總面積的一半。全省山地可分為東部山地、小興安嶺、大興安嶺三個部分；山地的地質構造多以花崗岩、玄武岩為主。平原可分為三江平原、松嫩平原兩個部分。平原多是由河流沖積形成，地勢低平，物質組成以沖積物為主，土壤肥沃，是省內重要的農業區。全省最高峰為位於南部的張廣才嶺大禿頂子山，海拔1690公尺；最低處在東端的黑龍江與烏蘇里江匯合處的撫遠三角洲一帶，海拔僅為34公尺。

大興安嶺

大興安嶺是中國東北地區重要山脈，為黑龍江南源額爾古納河及其主要支流嫩江的發源地。大興安嶺北起黑龍江畔，呈北東及北北東走向，南止於西拉木倫河上游谷地，海拔高度一般在600公尺～1000公尺左右。山地呈不對稱狀分布，西北高東南低，東坡陡西坡緩；

地表切割較輕，山勢渾圓，保留有古夷平面形成的明顯平頂山，並有寬谷。這裡永久凍土分布廣泛，並有融凍泥流、凍裂作用等明顯的冰緣現象。地面組成物質以花崗岩、石英粗面岩、安山岩為主。大興安嶺降水量多，蒸發弱，濕度大，分布著以興安落葉松為主的針葉林。大興安嶺林業資源豐富，是中國重要的林業基地之一，有「綠色寶庫」之稱。北段是中國唯一的寒溫帶針葉林區，興安落葉松為建群種，常與興安白樺、山楊、黑樺、叢樺混生。大興安嶺的動物資源也很豐富，有西伯利亞寒帶類型的狼獾、駝鹿等。

小興安嶺

小興安嶺是中國東北地區著名山地之一，為黑龍江幹流與松嫩水系間的分水嶺。大致呈西北—東南走向，地勢比東部山地低，平均海拔500公尺～1000公尺，基本屬於低山丘陵區。最高峰為平頂山（海拔1429公尺）。小興安嶺地勢和緩，河谷寬廣。小興安嶺地面組成物質除前震旦紀的結晶岩和古生代沉積岩、花崗岩外，還有大片玄武岩分布，構成熔岩台地。小興安嶺地區冬天嚴寒，廣布島狀多年凍土和季節凍土，東南段以紅松為主

大興安嶺。

位於大興安嶺的五彩森林植被
繁多，是東北地區物種較豐富
的林區。

冬季的小興安嶺雖然處處寒冰，紅柳卻依然美麗。

的針闊葉混交林占優勢，西北段由針闊葉林逐漸向針葉林過渡。

三江平原

　　三江平原是中國最大的沼澤分布區，從廣義上講，是東北平原的一部分，由黑龍江、松花江、烏蘇里江沖積而成，其中興凱湖平原為湖積平原。三江平原位於中國東北角，西起小興安嶺東南端，東至烏蘇里江，北至黑龍江畔，南抵興凱湖，總面積5萬多平方公里。平原地勢低平，海拔僅110公尺～200公尺左右。主要地貌類型為階地和河漫灘，沿西部和南部邊緣為裙狀沖、洪積傾斜平原。三江平原屬寒溫帶濕潤、半濕潤大陸性季風氣候。天然植被覆蓋率達60%，有將近2.44萬平方公里的沼澤和沼化土地。土壤主要為草甸土和沼澤土，另外還有少量黑土、泥炭零星分布。三江平原地域遼闊，水土資源豐富，已建有大型國營農場多座，是中國主要的農業區和商品糧基地。

 **Travel Smart**

牡丹峰

牡丹峰距牡丹江市約20公里處，是一座蘊含著珠光寶氣的神秘大山，美得神奇，美得清新。牡丹峰處在原始森林中，不但有數不清的珍禽異獸，還有稀有的貴重樹種、藥材。牡丹峰的海拔高度與泰山差不多，卻比泰山難登得多，因為這裡的一切還都是原始狀態，沒有一條像樣的上山之路。山頂像一小塊平原，東西長、南北短，方圓有4.5公里，上面草青木秀，松柏蓊鬱，涼爽清靜。900萬年以前的牡丹峰，曾經是火山爆發點，噴出過大量熔岩，以後又經歷了無數次的塌陷、湧突，從而形成了今天的神奇景觀。牡丹峰峰頂的地貌及其成因，都與日本的富士山十分相似。晴天在峰頂看雲景別有味道。天空中潔白的雲塊一簇簇地整齊排列，各不相接，像一幅幅畫嵌在藍色的天幕上。

五大連池為中國僅次於鏡泊湖的第二大堰塞湖，從上而下依次為頭池、二池、三池、四池和五池。

三江平原地勢低平，海拔不高。

五大連池火山群

五大連池火山群位於小興安嶺西南側的山前台地上。1719年～1721年，因火山熔岩堵塞白河河道，形成了五個相連的火山堰塞湖，稱為五大連池。五大連池周圍有14座處於休眠狀態的火山及大面積的熔岩台地和一系列火山礦泉，構成異常壯觀的五大連池火山群。五大連池火山群以點點火山、曲曲熔岩、河湖相連的水體，以及有神奇療效的藥泉，構成獨特而典型的火山景觀，因而有「火山博物館」之稱。火山體呈規則的棋盤式排列，共有14座火山，其中老黑山和火燒山是在260年前兩次火山活動中形成的。這裡巍峨聳立的火山群環抱著碧波蕩漾的火山湖，加上起伏的石龍熔岩，形成了一座天然的「火山公園」。現在五大連池已成為中國重要的火山地質保護區、國家級風景名勝區和北方大型療養地。

地下森林

地下森林又稱「火山口森林」，位於寧安市沙蘭鎮境內，鏡泊湖西北45公里處。這裡由於噴出的岩漿冷卻和收縮，火山頂部隨之塌落，形成內壁陡峭的多處火山口。由於火山口內的土質及濕度非常適宜植物生長，所以這裡林木茂密，長滿了紅松、紫椴、黃鳳梨、水曲柳及其他植物，形成了奇特、罕見的「地下森林」。

地下森林景觀。

黑龍江雙峰林場雪景。

🐟 水系

黑龍江省內河流密布，水量充足，絕大部分屬黑龍江水系。嫩江、黑龍江、烏蘇里江分別流經西、北、東部省境，中部主要為松花江流域，省境東南角為綏芬河流域。其中黑龍江是中國北方重要的邊境河流，幹流江寬水深。松花江為黑龍江在中國境內最大的支流，主要流經省境中部地區，最終在同江市注入黑龍江。松花江水量豐富，富航行之利，是重要水運航道，主要支流有嫩江、牡丹江、湯旺河等。嫩江是松花江最大支流。

黑龍江

黑龍江是世界大河之一，滿語稱「薩哈連烏拉」（意即黑水）。它流經中國東北北部，有南北兩個源頭，兩源在中國漠河西洛古河村匯流後稱黑龍江。從額爾古納河上源的海拉爾河開始到黑龍江河口，全長4444公里，居世界第九位，其中中國境內長3420公里。黑龍江的支流共約200餘條，有松花江、烏蘇里江、結雅河、布列亞河等。其中松花江為黑龍江最大支流。

烏蘇里江

烏蘇里江是中國與俄羅斯的界河，為黑龍江重要支流。右源松阿察河源出興凱湖，左源烏拉河源出俄羅斯境內錫霍特山脈奧勃拉奇納亞山南麓。兩源匯合後，自南向北流經中國的虎林、饒河、撫遠3縣邊境，於撫遠三角洲（黑瞎子島）東北角匯入黑龍江，全長905公里，流域面積18.7萬平方公里，流經中國邊境約500公里，流域面積5.66萬平方公里。

☁ 氣候

黑龍江省位於中國最北部，屬於寒溫帶大陸性季風氣候，為中國大陸氣溫最低的省份。冬季漫長、嚴寒、乾燥，極端最低溫−52.3℃（漠河）。夏季溫暖、短促、多雨，極端高溫41.6℃（泰來）。省內南北溫度差異明顯，大興安嶺北部屬寒溫帶，冰土深厚；南部氣溫較高，年降水量400毫米～700毫米。全省降水量地區差異顯著，東部年降水量700毫米以上，向西遞減，平原西南部僅400毫米左右。

✿ 自然資源

黑龍江省地層出露較齊全，礦產資源豐富。目前在全省已發現的礦產有130多種，優勢礦產有石油、天然氣、石墨、鉛、鋅等，儲量在全國占有重要地位。其礦產資源儲藏的特點是：共生、伴生礦多，礦石成分複雜。以有色金屬和鐵礦最為突出：貧礦多、富礦少，地區分布不均衡。省境南北跨越中溫帶和寒溫帶，東西橫貫濕潤、半濕潤和半乾旱三個乾濕帶，故植被種類繁多，天然生物資源豐富。

鑽天柳。

鑽天柳

鑽天柳是楊柳科植物，落葉喬木，高可達30公尺，胸徑達1公尺。樹冠圓柱形或橢圓形，樹皮褐灰色；小枝紅黃色或紫紅色，有白粉，無毛；芽扁卵圓形，被一枚鱗片包裹。葉互生，長圓狀披針形至披針形，長為5公分～8公分，寬1.5公分，兩面無毛，上表面灰綠色，下表面蒼白色，常有白粉，近全緣。雌雄異株。柔荑花序先葉開放，雄花序下垂，長1公分～3公分，雄蕊5枚，比苞片短，生於苞片的基部，花藥球形，黃色，而苞片不脫落，邊緣長有長綠毛，無腺體。雌花序無腺體，花柱2枚，柱頭2裂。鑽天柳主要分布於黑龍江、吉林、遼寧、內蒙古，散生於海拔300公尺～500公尺處的溪旁林中。朝鮮半島、日本、俄羅斯也有分布，屬國家三級保護稀有物種。

丹頂鶴

丹頂鶴個頭很大，體長在1.2公尺以上，體羽主要為白色，喉、頰和頸部為暗褐色。頭頂皮膚裸露，像戴著鮮紅色肉冠（幼鶴頭頂不紅），故得名「丹頂鶴」。丹頂鶴的兩隻翅膀折疊時，覆蓋於整個白色短尾上面。丹頂鶴棲息於沼澤地或沿海

淺灘地帶，涉游於近水的淺灘，用長嘴啄取魚、蟲、蝦、蟹等，有時還吃嫩草、穀物等。牠的脖子很長，氣管更長，而且還盤曲於胸骨間，好像喇叭一樣，因此鳴聲格外洪亮。黑龍江的齊齊哈爾扎龍自然保護區是丹頂鶴的繁殖場所。

東北虎

虎是亞洲特產，動物學家根據虎的分布特區，將其分為8個亞種：孟加拉虎或印度虎、裏海虎、東北虎、爪哇虎、華南虎、巴厘虎、蘇門答臘虎、印度支那虎或東南亞虎。東北虎產於中國、俄羅斯和北韓北部，國際上又有「西伯利亞虎」、「烏蘇里虎」、「滿洲虎」之稱。在中國，東北虎僅生活於黑龍江和吉林兩省的部分地區。在這8個虎亞種中，論個頭之大，當推東北虎，所以有「虎中之王」之稱。

丹頂鶴。

大興安嶺叢林茂密，原始森林遮天蔽日。圖為林業局的儲木場，堆滿了剛剛採伐的原木。

東北虎。

經濟

黑龍江的礦產資源豐富，省內已發現130多種礦產，其中煤炭、石墨、石油在中國占有重要地位。大慶油田儲油量高居中國首位，年產量4,000萬至5,000萬噸。在農業方面，省內土壤條件好，適宜植物生長，是中國重要的大豆、小麥、玉米等商品糧基地，也是重要的林業生產基地。境內草原廣闊，畜牧業發達。省內交通發達，公路幹線多，內河航運便利，還有定期航班飛往國內外大城市。

農業

黑龍江土地資源豐富，平原面積遼闊，耕地面積占全省土地總面積的20.8%，是中國重要的大豆、糧食產區。主要糧食作物有大豆、玉米、小麥、水稻、穀子、高粱和馬鈴薯。大豆產量約占中國的1/3，居全國首位。省內的農業機械化水準較高。林業生產同樣在全國占有重要地位，森林覆蓋率達35.7%，是中國最大的林區。這裡還是世界最大的山葡萄生產基地。畜牧業也占有一定地位，其中奶牛飼養量和產奶量均居全國第一

位。全省江河、沼澤、湖泊水面大，松花江的鰲花、哲羅，興凱湖的大白魚，黑龍江和烏蘇里江的鰉魚等都是著名特產。

工業

黑龍江省資源豐富，中華人民共和國成立後，石油、煤炭、機械、森林工業、化工和輕紡、食品工業在原有工業基礎上均有較大發展。尤其是在大慶油田開發後，形成一系列的相關產業。重工業產值居中國第六位，成為中國重要工業基地。原油、木材、膠合板，纖維板、亞麻布，乳製品等產量均居中國第一位。天然氣、黃金、汽油、柴油、軸承、聯合收割機、食糖、煤炭、輪胎和化纖等產量在中國亦占重要地位。黑龍江省輕紡工業雖有所發展，但發展較為緩慢。

交通

黑龍江省地處中國東北邊陲，運輸地位在國與國際都相當重要。省內已經形成以鐵路為骨幹，公路、內河、航空和管道運輸相互連接的交通運輸網。向北可通往俄羅斯，向南可通往廣州。公路交通也很發達，公路總里程為162464公里（2014），現有國家高速9條，國道8條，省道35條。內河航運十分便利，黑龍江、松花江等河流都可以通航，但冬季封凍時間長，內河通航期只有六七個月。民航以哈爾濱為中心，有定期航班飛往國內外的大城市。隨著大慶油田的發展，管道運輸業發展完善，並已成為省內石油運輸系統的主力。

✈ 旅遊地理

黑龍江是中國火山遺蹟較多的省區之一，火山活動為省內創造了著名的旅遊景區，如五大連池市的五大連池、溫泉及熔岩地貌，鏡泊湖的吊水樓瀑布及火山口森林等。省內連綿的山地和廣闊的沼澤地是動植物資源的寶庫，有天鵝、丹頂鶴、東北虎、東北豹、麝等珍稀動物。被譽為「丹頂鶴故鄉」的扎龍自然保護區的觀鳥旅遊頗受青睞。省內還有桃山、烏龍、平山等狩獵場和滑雪場。獨特的少數民族風情和城市中的許多歐式風格建築也使得眾多遊客慕名而來。

松花江大橋。

鏡泊湖

鏡泊湖是中國最大的典型熔岩堰塞湖，以風平浪靜、湖平如鏡而得名。它位於牡丹江上游張廣才嶺與老爺嶺群山中，地處黑龍江省寧安市。湖區周圍有火山群、熔岩台地等景觀。鏡泊湖為新生代第三紀中期所形成的斷陷谷地。湖域有由離堆山及山岬形成的小島，如大孤山、白石砬子、小孤山、城牆砬子、珍珠門、道士山和老鴰砬子等。湖北端的湖水從熔岩堤壩上跌下，形成25公尺高，40公尺寬的吊水樓瀑布；瀑布下的深潭達數十公尺，與鏡泊湖合稱為鏡泊湖風景區。鏡泊湖特產的鯽魚馳名全國，特稱「湖鯽」。在鏡泊湖發電廠西北50公里處釣大干泡附近有6座火山錐所組成的火山群。火山錐海拔750公尺～1000公尺。在沙蘭鄉境內有火山口森林，通稱地下森林，產有紅松、紫椴、黃鳳梨等林木，還有馬鹿、青羊等珍貴動物，擁有罕見的自然奇觀。

鏡泊湖。

哈爾濱太陽島

哈爾濱太陽島位於松花江北岸，為一處江心島，是聞名中外的遊覽區，面積380萬平方公尺。全島碧水環抱，花木繁茂，幽雅靜謐，野趣濃郁，具有質樸、粗獷的北方原野風光特色。沿岸是帶形沙灘，白沙碧水，陽光充沛，是天然的日光浴場，這裡是城市居民進行野遊、野浴、野餐的極好樂園。哈爾濱太陽島遊覽區內建有「水閣雲天」、「青年之家」、「太陽湖」、「太陽山」、「金河水榭」等遊覽場所。

興隆寺

興隆寺位於牡丹江市寧安縣渤海鎮西南，原名石佛寺，最早建於唐代渤海國時期；渤海政權滅亡後，寺毀。清康熙初年在舊寺遺址上建興隆寺。興隆寺原有三重佛殿，道光二十八年（1848）大火焚毀部分殿宇，咸豐年間重建。今存關帝殿、天王殿、大雄寶殿、三聖殿等，為木製斗拱建築。殿前有重修興隆寺碑記和渤海國時期的大型佛教石刻，雕刻細緻，巍峨壯觀。興隆寺是黑龍江省僅有的清初木結構斗拱建築，朱欄紅廊，雕樑畫棟，在陽光的照耀下金碧輝煌。

哈爾濱文廟

哈爾濱文廟是東北地區最大的一座孔廟。它是祭祀古代的政治家、思想家、教育家、儒家學派的創始者、世界文化名人孔子的廟宇。哈爾濱文廟位於哈爾濱市南崗區文廟街的哈爾濱工程大學院內，不僅是黑龍江省現存規模最大、最完整的仿古建築群，而且是東北地區最大的一座孔廟。文廟始建於1926年，按照大祀祭孔儀式的規格建造，以大成殿為

中心,南北成一條中軸線,兩邊建築對稱排列,殿堂、兩廂、門庭和圍牆組成三進院落,雄偉壯觀,是具有典型清代風格的建築。

璦琿古城

璦琿古城位於今黑龍江省黑河市璦輝鎮。清康熙二十二年(1683),為黑龍江將軍駐所,1685年將舊璦琿城移至黑龍江西岸,並改稱新璦琿城。現今周長約2.5公里的璦琿古城,保留了一些清代建築,矗立於江邊的魁星樓,高20公尺,青磚紅牆。古城中心有一八角樓,又稱八封樓,樓為木石結構,每層有走台迴廊,相傳為黑龍江義和團抗擊沙俄的指揮中心。登上樓的最頂層,可俯瞰璦琿城全景,離古城不遠處有清朝古林將軍富明阿墓。

哈爾濱東正教堂

哈爾濱東正教堂坐落於哈爾濱城內,建於清光緒二十五年(1899),是哈爾濱市17座教堂中規模較大和較早建成的一座教堂。整座教堂為拜占庭式建築,位於中央的主體建築有個標準的大穹隆,紅碑結構,巍峨寬敞。東正教是基督教三大派別之一,其餘兩派是天主教和新教。基督教產生後不久就分成東西兩派。1054年,以君士坦丁堡為中心的大部分東派教會自稱為「正教」,意為「正宗的教會」,在宗教儀式中採用希臘語,故又稱希臘正教,與自稱「公教」(即天主教)的西派教會分庭抗禮。其後天主教又陸續分裂出許多新的教派,合稱新教。現在一般所稱的基督教,多指新教。東正教以君士坦丁堡首牧居眾主教中的首席地位。除主教以外,一般神職人員都可以結婚。東正教傳入中國,是清雍正五年(1727)中俄簽訂「恰克圖條約」以後的事。中國在那一年開放了恰克圖這個邊城與俄國通商,俄國的東正教教士便開始進入中國的東北邊區傳教。1903年,以哈爾濱為起點的中東鐵路通車,哈爾濱便成為中國東北的重鎮,也成了東正教教士傳教的中心。

興隆寺。

哈爾濱東正教堂。

扎龍自然保護區

引吭高歌。

扎龍自然保護區位於齊齊哈爾市區東南26公里處，總面積21萬公頃。1992年被列入《世界重要濕地名錄》，主要保護對象為丹頂鶴等珍禽及濕地生態系統。據統計，在扎龍自然保護區內，鳥類多達260餘種，水禽120多種，占中國鳥類總數的一半以上。其中國家重點保護鳥類有35種，最為著名的是鶴類。目前，在全世界共分布有15種鶴，中國占9種，在扎龍即可見到丹頂鶴、白枕鶴、白鶴、白頭鶴、蓑羽鶴和灰鶴6種。在中國，鶴被人們視為吉祥、長壽、優雅、高潔的象徵，特別是丹頂鶴更被視為「羽族之宗長，仙人之騏驥」，故稱「仙鶴」；其最引人注目的是牠頭頂那片丹紅裸露的皮膚，看上去顯得氣度非凡，因而得名「丹頂鶴」。保護區內現有丹頂鶴400多隻，約占全世界丹頂鶴總數的1/4。

聖潔高雅的丹頂鶴把扎龍裝扮得恍如仙境。

丹頂鶴一家。

蘆草叢生，湖泊星羅棋布，
素有「塞上江南」之稱。

　　每年四五月或八九月，約有二三百種野生珍禽雲集於保護區內，遮天蔽地，蔚為壯觀，是遊覽此區的最佳季節。

　　扎龍自然保護區稱得上是「北國江南」。烏裕爾河穿流其間，形成了廣闊的沼澤地帶。這裡地勢低窪，河流漫溢，蘆草叢生，湖泊星羅棋布。每當暮春仲夏，蘆葦青青，水面上飄浮著水浮蓮、菱角等水生植物，四周草地蔥綠，野花星星點點撒落其間。遊人徜徉於其中，可俯弄水中菱角，仰看閑雲野鶴，盡享自然之趣。

展翅欲飛。

西北

西北 陝西

🌐 行政區劃

陝西省是中國西北地方工農業和交通較發達省份，簡稱陝或秦，因位於陝原（今河南陝縣）之西而得名。它位於中國中部，東瀕黃河，介於東經105°29′～111°15′、北緯31°42′～39°35′之間。東與山西省、河南省毗連，南與湖北省、重慶市、四川省為鄰，西與甘肅省、寧夏回族自治區接壤，北鄰內蒙古自治區。面積20.58萬平方公里。轄1個副省級市、9個地級市，30個市轄區，4個縣級市，73個縣。省會西安市。

西北、西南陸空交通的重要樞紐。此外，西安的地上地下都保存和埋藏著眾多的文物古蹟和奇珍異寶，堪稱一座「立體歷史博物館」。市區擁有驪山、華山、翠華天池等風景名勝。西安已成為馳名中外的旅遊名城。

西安市

西安古稱長安，陝西省省會，中國歷史文化名城之一，曾有13個朝代相繼在這裡建都。西安是「絲綢之路」的起點，是自古以來中國與世界各國進行經濟、文化交流的重要城市。現在的西安是中國西北地方最大城市和經濟、文化、交通中心。全市轄11區2縣，面積10135平方公里，人口883.21萬。市境地處「八百里秦川」的中心，氣候溫和。西安是華北、華東聯繫

延安市

延安是中國歷史悠久的古城和現代革命聖地，陝北經濟、文化和交通中心，位於省境北部，面積37031平方公里，人口223.13萬。從秦漢至唐宋，延安及其附近地

寶塔山是延安的重要標誌和象徵。

區「東帶黃河、西控靈（靈武）夏（寧夏）」，為陝北的交通要衝。20世紀50年代以來，延安工業、農業、交通運輸業發展較迅速，工業有電力、機械、化肥、汽車修配、紡織等。農業作物以小麥、玉米為主。以延安為中心的公路幹線南通西安，北達包頭，東連太原，西接銀川。民航班機直達北京、西安、太原、榆林等地。1958年建立的延安大學為陝北地區的最高學府。延安不但革命舊址多，還有軒轅黃帝陵、鳳凰山等重點文物保護單位。此外民間藝術剪紙、腰鼓等也很有特色。

寶雞市

寶雞是陝西新型工貿城市，位於省境西部，面積18117平方公里，人口376.33萬，轄3區9縣。周在此建都，秦統一中國後，屬內史地，西漢時隸右扶風，三國晉時為扶風郡。全市地勢西、南、北三面環山，中、東部低而平坦，為關中平原西端。目前寶雞市的工業有機械、電子、食品、冶金、紡織、建材、化工、有色金屬等門類，石油設備和鈦材產量居中國首位，而且還有豐富的金礦資源。寶雞市還是中國歷史名人和古文物薈萃之地。

👤 人口、民族

陝西省人口約有3775.12萬（2014），約占中國人口的2.84%。人口密度每平方公里183人，高於全國平均密度。人口分布不均，陝北較低，每平方公里約68人，僅綏德、米脂、吳堡等縣人口較稠密，每平方公里約150人；關中平原地區，每平方公里約322人，尤其是東起渭南，西至武功，北抵銅川的三角地區竟高達每平方公里500人以上，為全省人口最稠密地區；陝南秦嶺、大巴山區平均每平方公里約119人，但漢江谷地平壩區人口密度高達每平方公里350人左右。在全省總人口中，漢族人口約占總人口的99.5%，分布遍及省境；回族人口約占0.4%，約15.1萬人左右，其餘為滿、蒙古、壯、藏等民族，主要分布在西安、寶雞、安康、漢中和咸陽等地。

西安鐘樓。

歷史文化

　　陝西是中華文明的發祥地之一，境內有距今80萬年的藍田猿人頭顱骨化石，距今18萬年～20萬年的大荔智人化石和距今4萬年～5萬年的河套人遺址。仰韶文化、龍山文化遺址在這裡的分布非常豐富。中華民族的始祖炎帝、黃帝的族居地和陵寢都位於陝西。從西元前11世紀開始，先後有15個王朝在陝西建都，為陝西留下了豐富的歷史文物古蹟。陝西還是中國革命的搖籃。中國共產黨曾在延安10年，領導人民進行抗日等戰爭，留下了許多的革命遺跡，是中國愛國主義教育基地之一。

藍田人

　　藍田人遺址位於今天的陝西省藍田縣公王嶺一帶。約80萬年至75萬年前，一些在低平的前額上隆起粗壯眉脊骨的原始人類開始在這裡繁衍生息。他們打製的石器外形又粗又大，但已經有不同類型石器分工的跡象。藍田人化石於1963年～1965年在當地更新世早期地層中被發現。考古研究表明，藍田人比稍後的北京人大腦容量較小一些，大約778毫升。但他們已經是完全的直立人，而且是已發現的亞洲北部最早的直立人。直立行走，這是猿成為人的重要標誌。

半坡遺址

　　半坡遺址約西元前5000年～西元前4300年，仰韶文化發源於黃河中游，今陝西西安東郊半坡村北。其半坡類型以西安半坡遺址的早期遺存為代表。現發現40餘座建築遺址。據推測，這些或圓或方的建築，可能是

陝北窯洞。

藍田人復原頭骨。

母系氏族成年婦女過配偶生活的住房。半坡類型的工具用石、骨、角、陶製成，有開墾耕地和砍劈用的石斧、石錛、石鏟，收割禾穗的石刀、陶刀，加工穀物的石碾、石磨盤、石磨棒等。生產以農業為主，發現粟的遺存。飼養的家畜主要是雞、狗、豬和黃牛。當時漁獵經濟仍占重要地位，出土了許多石、骨鏃和石網墜，還有些帶倒鉤的魚叉、魚鉤以及石矛。有一種製成顆粒狀麻面的陶銼，可能是鞣製皮革的工具。陶器以粗質和細泥的紅色、紅褐色陶為主，最常見的是粗砂陶罐、小口尖底瓶和鉢所組成的一套日用陶器。在圓底鉢口沿的寬頻紋上，發現有22種不同的刻劃符號，有人認為是中國古代文字的淵源之一。半坡遺址的發現和發掘，對原始社會母系氏族公社的婚姻、生產、生活習俗的研究提供了寶貴資料。1958年，在原址上建成了古樸壯觀的半坡博物館。

秦始皇開創帝制

秦始皇二十六年（前221），秦將王賁攻陷齊國，至此，秦統一了六國，建立了中國歷史上第一個統一的、多族的、專制主義中央集權制封建王朝。秦王嬴政改稱始皇帝，定都咸陽，開創了帝制。秦始皇建成一套適應統一國家需要的新的政府機構，即三公九卿制及郡縣制。在這個機構中，中央設丞相、太尉、御史大夫；丞相、太尉、御史大夫以下，是分掌具體政務的諸卿。地方行政機構分郡、縣兩級，郡設守、尉、監、縣，萬戶以上者設令，萬戶以下者設長。這樣，從中央到地方就形成了一個嚴密的統治網路。中央集權的制度從此確立。

司馬遷

司馬遷（約前145或前135～？）字子長，夏陽（今陝西韓城南）人，西漢史學家、文學家。他從19歲開始遊歷大江南北，考察社會民情，採集傳說故事，精通天文曆法。司馬遷初任郎中，元封三年（前108）繼承父職，任太史令。太初元年（前104）他與唐都、落下閎等對曆法進行改革，並制定了太初曆。西元前99年因對李陵軍敗降匈奴事有所辯解，得罪了皇帝，被治罪下獄，處以腐刑。司馬遷出獄後任中書令，並發憤繼續完成所著史書，終於完成了著名的傳世之作《太史公書》，即後來的《史記》。《史記》是中國最早的通史，開創了中國紀傳體史書的先例。

半坡遺址博物館。

張騫

張騫（？～前114）漢中成固（今陝西城固縣）人，西漢外交家。建元二年（前139），漢武帝為聯合大月氏共同打擊匈奴，派張騫出使西域。張騫在出隴西經過匈奴時被俘，在匈奴10餘年娶妻生子，但始終秉持漢節。元朔三年（前126），他回到了闊別13年的長安。

元狩四年（前119）又奉命出使烏孫。張騫是第一個從中原出使西域的人，打通了古代中西交通著名的「絲綢之路」。他兩次出使西域，加強了中原和西域少數民族的聯繫，進一步發展了漢朝與中亞各地人民的友好關係，促進了中國與西域經濟文化的交流和發展。張騫死後被封為「博望侯」，葬於成固。

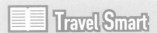

唐三彩

唐三彩為唐代陶器的代表，是低溫鉛釉陶器，用白色黏土作胎，用銅、鐵、錳、鈷等礦物作釉料著色劑，釉裡還加入鉛作助熔劑，最後經800℃左右燒製而成。釉色有綠（銅）、赭（鐵）、藍（鈷）三色，故稱「唐三彩」，其中幾種釉色互相滲化，又產生許多新色，絢爛多彩，富麗堂皇。唐三彩陶器主要用於明器和俑，表現內容有建築、家具、日用品、牲畜、人物等，式樣繁多，再現了唐代社會生活風貌，被譽為唐代社會的「百科全書」。

🔺 地貌

陝西省地勢南北高、中間低。北部是深厚黃土層覆蓋的陝北黃土高原；中部是渭、涇、洛等河流下游沖積形成的關中平原；南部為構造上升運動強烈的陝南山地。自然條件複雜多樣，南北殊異。全省從南向北依次可分為陝南山地、關中平原、陝北黃土高原3個地貌單元。關中平原多河水，自然、經濟條件較優越；陝北黃土高原多風沙地貌，但灘地地下水豐富，埋藏淺，夏季水草豐富；陝南山地中盆地多，耕地集中，是全省主要的糧食產區。

陝南山地

秦嶺、大巴山山地合稱陝南山地，主要包括介於兩山之間的漢江谷地。秦嶺呈東西走向，北坡陡峻，南坡平緩，多深切山谷，是中國南北方的天然分界線。大巴山位於陝西省最南部，呈西北－東南走向，是陝西和四川的天然分界線。山地山勢較和緩，多渾圓狀成平梁山丘。秦嶺、巴山之間形成兩個盆地；一是漢中盆地；二是包括漢江、月河兩岸平地的安康盆地，東西長約100公里、南北寬3公里～5公里。這兩個盆地，氣候溫和、雨量充足，農業較發達，是陝西重要的稻穀產區。

關中平原

關中平原又名渭河平原或關中盆地，位於陝西省中部，介於秦嶺和渭北北山之間，海拔約325公尺～800公尺，東西長360公里，南北寬度不一。渭河自西向東橫貫平原中部，兩岸地勢不對稱，有明顯的階地和黃土台原。由渭河幹流及支流灌溉平原，關中平原成為中國歷史上農業最富庶的地區之一。目前該區也是中國工、農業和文化比較發達的地區之一，還是中國重要的麥棉產區。

陝北黃土高原

陝北黃土高原在地質結構上屬鄂爾多斯地台，位於北靈山、藥王山和黃龍山一線以北，地勢西北高、東南低，多數地區覆蓋了深厚的

陝西境內的東秦嶺是秦嶺的主體。山體呈現為蜂腰形。腰部有岩漿侵入，形成太白、華陽岩基組成的秦嶺主體。

陝北黃土高原。

黃土。其厚度一般在50公尺～150公尺之間，是中國黃土高原的中心部分，經長期流水沖刷和其他外力的剝蝕作用，發育成塬、樑、峁、溝壑等多種地貌，是中國水土流失最嚴重的地區。長城沿線以北屬風沙地形，屬毛烏素沙漠；沙漠以南是塬、樑、峁、溝壑地形，其中延安以北以為主；延安、延長、延川縣以為主；延安以南以為主。灘地地下水豐富，埋藏淺，夏季水草豐盛，成為點綴在沙區中的綠洲。

太白山

太白山為秦嶺主峰，位於陝西省眉縣南部，兼跨太白縣、周至縣部分地區。頂峰冰凍期長，除盛夏外，積雪不消。由關中平原南望，山頂銀光閃閃，故名。太白山是以巨大的花崗岩體為核心的斷塊山，形成於1億年以前的燕山運動時期。海拔3767.2公尺的頂峰八仙台，為黑雲母花崗岩和黑雲母片麻岩構成的錐狀山峰。南北兩坡有串珠狀冰斗湖，最大者為大爺海，海拔3590公尺，面積近5000平方公尺。太白山為中國華北、華中和西南地區植物品種薈萃之地，資源豐富，垂直分帶明顯。已發現種子植物1700餘種，苔蘚植物302種及大量菌類植物等。野生動物3000種左右，珍貴的大熊貓、金絲猴、羚羊等均為國家保護動物。1965年設立的太白山國家級自然保護區，現已成為自然地理、植物、動物、中藥、環境保護等多種學科野外考察的重要基地。「太白積雪」為「關中八景」之一。

水系

陝西全省河流分屬黃河、長江兩大水系。前者流域面積約占全省總面積的64.5%，後者占35.5%。黃河幹流中段縱貫陝、晉邊境，大部為峽谷，水流湍急。至龍門因斷層，形成瀑布急流，與龍門以下的坦蕩緩流形成鮮明對照。潼關附近，幹流呈90°轉向東流。黃河中游段的主要支流多流經黃土高原，河水含沙量大，占黃河平均輸沙量的一半，是流入黃河泥沙最多的省份。漢江為長江最大支流，向東蜿蜒於丘陵低山區，至白河縣東流入湖北省。漢江及其支流流經秦巴山區，寬谷與峽谷交替出現，有多處優良壩址。

漢江

漢江為長江最長支流，又稱漢水或襄河。漢江源自陝西省西南部米倉山西麓。幹流經陝、鄂兩省，於武漢匯入長江，全長1577公里。漢江流域屬北亞熱帶季風氣候，水量豐富。漢江徑流主要來自降雨，年內最大與最小月徑流量之比，一般達10倍以上，個別大水年可達25倍。漢江是中國中部重要航道，但是各種噸級的船舶受季節的影響較大。現已建成多座水電站，並且修建了許多水庫，灌溉事業也有很大發展。漢江已成為長江流域開發利用最高的大支流。

渭河

渭河是黃河最大支流。渭河幹流發源於甘肅省渭源縣鳥鼠山南的壑山，河源至寶雞峽，河道長430公里。

渭河流域西起鳥鼠山，東至潼關，北界白于山，南止秦嶺。流域面積13.5萬平方公里，分屬陝、甘、寧三省區。渭河水量主要來自南岸支流，沙量則主要來自北岸支流。歷史上渭河曾為重要航道，現因河道淤淺，陸運發達，已無航運可言。西安、寶雞、天水是渭河流域中的重要工業城市。隴海鐵路沿渭河河谷橫貫東西，溝通中國沿海與大西北。渭河流域還是中國古文化發祥地之一，這裡有藍田猿人遺址、半坡遺址、華山、華清池等著名的歷史古蹟和風景區。

渭河在陝西境內，長502公里，年徑流量84億立方公尺，年輸沙量5.5億噸，是黃河洪水和泥沙的主要來源之一。支流水系受秦嶺和祁、呂、賀山地構造體系控制，呈不對稱分布。支流南北不對稱，北岸支流少，源遠流長；南岸支流多而短促。流域面積大於1000平方公里的支流有葫蘆河、涇河、北洛河。圖右上方為蜿蜒向東的渭河。

陝西合陽黃河濕地。

🌧 氣候

陝西省位於中國內陸中緯度地區，受季風氣候和大陸性氣候的影響都較明顯。由南至北具有北亞熱帶濕潤氣候、暖溫帶半濕潤氣候和暖溫帶、溫帶半乾旱氣候的特徵。秦嶺山脈橫亙省境中南部，南北氣候差異顯著。年均氣溫陝北黃土高原約為9℃，關中平原13℃，陝南漢江谷地則達15℃。冬季南北溫差10℃，夏季溫差僅4℃。年降水量由南向北遞減，山區則由下而上遞增。7月～9月降水量常占全年一半以上，且多暴雨。冬季降雨甚少，甚至出現連旱，對陝北黃土高原春播影響嚴重。

🌳 自然資源

陝西省地處中國大西北、秦嶺山地之中，是華北、華中和青藏高原三大植物區系與古北界和東洋界動物區系的交會區，具有明顯的過渡性和複雜性。由於特殊的地理位置和地質變化，省內的自然資源豐富，種類繁多，礦產中煤、鉬、銅、重晶石、磷等儲量在中國居於前列。動植物種類也異常豐富，野生動植物種類繁多，其中杜仲、麻黃、金絲猴、羚牛最為著名。此外，在太白山區棲息有朱鸝、黑鸛等珍稀鳥類，還闢有太白山自然保護區和佛坪自然保護區等。

朱鸝雄鳥體長近80公分，雌鳥稍小。牠們主要活動於水田、沼澤地及山區溪流附近。

陝西鉬礦

陝西省鉬礦資源豐富，主要分布於渭南和商洛地區，有產地20多處，探明4處，探明儲量居全國第二位。渭南地區有鉬礦5處，產於華縣及華陰市。金堆城鉬礦馳名省內外，探明儲量列入中國鉬礦床之首，且礦石易選，浮選後鉬精礦品質高，回收率也高，礦體大部分裸露地表，適於露天開採。安康地區有鉬礦點8處。商洛地區有鉬礦8處。鉬礦大多產於高山河谷，與中酸性小岩體有關，屬細脈浸染和密集脈群類型。具有工業價值的鉬礦物為輝鉬礦，其開採量占鉬礦總開採量的90%。鉬主要用於鋼鐵工業，製特種鋼，也用於電器生產中。

太白紅杉

太白紅杉屬落葉喬木，高15公尺，胸徑60公分，是陝西省特有的一種落葉松，居於山地垂直帶譜的頂端，與高山疏林灌叢帶緊相連接。太白紅杉林面積不大，主要分布在秦嶺的太白山、玉皇山等幾座海拔較高的山峰上部。這類針葉林在涵養水源、水土保持方面的作用，要比木材生產的意義大得多。

朱鸝

朱鸝又叫朱鷺，鳥綱，鸝科，全身呈白色，只有翅膀和頭部為粉紅色，頭頂、額、眼周和嘴基都裸露，呈朱紅色。頭後枕部有冠羽，嘴長而向下彎曲。朱鸝棲息在河灘、沼澤地和山溪等附近，以小魚、軟體動物、甲殼動物等為食。廣泛分布於亞洲東部。在中國秦嶺東北、華北一帶數量較多。朱鸝是世界上最稀少的鳥類，已被列為國際一級瀕危動物。

金絲猴。

金絲猴

　　金絲猴又名仰鼻猴、金錢猴，屬猴科動物，主要分布在中國陝西、四川等地，國家一級保護動物。毛色豔麗的金絲猴是中國特有的猴類。金黃而略帶灰色的被毛既厚又長，鼻孔向上翹，嘴唇顯得寬厚，因而又稱「仰鼻猴」。金絲猴頭頂的毛呈深灰褐色，頸、頰側及腹部的毛由紅黃至黃褐色，尾呈灰白色。金絲猴喜群居，成群遊蕩，有一定的活動範圍和相對固定的路線。食物以野果、樹葉、嫩枝芽為主，也吃苔蘚植物。金絲猴4歲性成熟，每年夏季產1仔。幼仔毛色乳黃，2歲以後變成金黃色。目前在中國金絲猴集中分布的主要棲息地，已分別建立了自然保護區。

經濟

　　陝西省經濟發展的自然環境和資源條件比較優越，工農業、交通運輸和旅遊業在西北地方最發達。這裡的農業生產歷史悠久，糧食基本可以自給。省內以機械、電力和輕紡工業為主的部門結構日趨合理。在交通方面，以西安為中心，陸路和航空運輸皆很方便。富有特色的旅遊業也已成為省內經濟發展的重要組成部分。

農業

　　陝西農業發展歷史悠久，早在2000年以前，渭河平原已開始治河修渠、引水澆地，農業以耕作業為主，全省現有耕地6000萬畝。耕作制南北不同，大致陝北一年一熟，關中二年三熟，漢中一年二熟。陝南是亞熱帶作物區，水稻種植以漢中盆地最集中。玉米為山區主要糧食作物。渭河平原是中國著名麥、棉產區。這裡耕畜較多，「秦川牛」、「關中驢」等優良畜種名聞中國，並且是中國最大的奶山羊基地。陝北為農牧並重區，穀子、糜子為當地名產；經濟作物以胡麻最為重要；煙草、甜菜也有較大發展；牧業以羊為主要畜種。

陝西三原農田裡盛開的油菜花。

工業

陝西煤儲量豐富,以銅川為中心的渭河北岸,煤田綿延,有「陝西黑腰帶」之稱。鐵、錳、銅、鋁、鉬、鉛、鋅、金、磷、石油、石灰石、石墨、石膏、天然鹼和耐火黏土等也相當豐富。全省在只能生產少量煤、石油、白酒、火柴、棉紗、麵粉的基礎上,新建和擴建了煤炭、電力、石油、鋼鐵、機械、儀錶、水泥、化肥、造紙、鐘錶、塑膠、搪瓷、化纖等工業及棉、毛、絲的紡織、印染工業,機械、燃料、化工、紡織等在全國占重要地位。西安、寶雞、咸陽、銅川為主要工業中心,延安、漢中等各縣市也都建立了中小型企業。

交通

新中國成立前,陝西省只有隴海鐵路、咸銅支線和一些簡陋的公路,交通十分不便。截止2014年,陝西鐵路線路正線延展里程9964公里,營業里程4924公里,電氣化里程(省境內)3661公里,省內複線里程2507公里。公路方面,里程長167145公里,等級公路151189公里。水運以漢水為主。航空以西安為中心,通往北京、烏魯木齊、蘭州、成都、上海等地及省內各地區。

✈ 旅遊地理

陝西煤儲量豐富,以銅川為中心的渭河北岸,煤田綿延,有「陝西黑腰帶」之稱。鐵、錳、銅、鋁、鉬、鉛、鋅、金、磷、石油、石灰石、石墨、石膏、天然鹼和耐火黏土等也相當豐富。全省在只能生產少量煤、石油、白酒、火柴、棉紗、麵粉的基礎上,新建和擴建了煤炭、電力、石油、鋼鐵、機械、儀錶、水泥、化肥、造紙、鐘錶、塑膠、搪瓷、化纖等工業及棉、毛、絲的紡織、印染工業,機械、燃料、化工、紡織等在全國占重要地位。西安、寶雞、咸陽、銅川為主要工業中心,延安、漢中等各縣市也都建立了中小型企業。

華山

華山為中國五嶽之一,號稱「西嶽」,位於陝西省華陰市南,秦嶺山脈以北,海拔2154.9公尺。由於山勢險峻,群峰峻峙,《山海經》稱「遠而望之,又若華伏」,山名即由此而來。華山是一座由花崗岩組成的山體,花崗岩經長期風化侵蝕,岩株出露地表。花崗岩雖抗蝕能力強,但縱橫節理發育,易風化侵蝕,加上南北兩大斷層錯動和東西兩側流水下切,將華山分割成座座峻秀山峰,而且山峰四壁如削,拔地通天,其中最著名的有東、西、南、北、中五峰。自古華山就以雄奇險峻著稱,青柯坪、千尺幢、擦

華山北峰海拔1614公尺,山勢崢嶸,三面絕空。

華山西峰——蓮花峰。

華山東峰下棋亭。

耳崖、蒼龍嶺、長空棧均為
險絕處。華山崖陡路險，諸
峰間僅南、北一徑，有「自
古華山一條路」之説。華山
還多古松，巨幹修直，與峭
峰奇石相得益彰。華山為道
教名山，元時為全真道華山
派發源地，山中留有許多帶
有道教色彩的傳説和人文勝
蹟，蓮花洞、仰天池等處題
刻尤多。

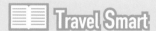

皇天后土

天子將相，逝者如斯。黃陵
是中華民族的始祖一軒轅黃
帝之陵，距西安之北180多
公里。黃帝陵高3.6公尺，陵
墓上種滿古柏。墓周長48公
尺，由磚砌的花牆圍護著。
圍牆正面的碑上，鐫著四個
行書大字「橋山龍馭」。據
傳説，黃帝乘龍升天後，人
們將他的衣冠埋在這裡。昭
陵是唐太宗李世民的陵寢，
位於西安西北約70公里處的
九嵕山上。昭陵始建於貞觀
十年（636），李世民入葬時
方才建成，歷時13年之久。
它開創唐代帝王「以山為
陵」的先例，比以往帝王堆
土為陵更為壯觀。乾陵是唐
朝第三代皇帝李治和女皇武
則天的合葬陵，是唐十八陵
中最有代表性和迄今保存最
好的一座陵墓，東有豹谷，
西有漢谷，依山為闕，氣勢
雄偉。乾陵的地面設置，遺
留到現在的主要是陵墓石
刻。這些石刻十分精美，屹
立在梁山之巔，至今已有
1200多年的歷史了。

華山北峰是登臨其他四峰的要衝。

斧劈石。

滿天飛揚的黃塵中，跑、跳、扭、轉、蹬、閃、踩、搖、跨、昂、躍的鼓手們剛勁激昂，剽悍豪放的舞姿在溫良敦厚的中華傳統民間舞蹈中，獨樹一幟，充滿著張揚與野性。洋溢著祖祖輩輩在黃土地上辛勤勞作的安塞人頑強拚搏、威武不屈、豁達質樸的精神。

大雁塔。

大小雁塔

　　大小雁塔皆位於西安城區東南面，一大一小，遙遙相望。古人曾把雄偉高大的樓閣式大雁塔稱為「偉丈夫」，而將秀麗玲瓏的密簷式小雁塔稱作「嬌夫人」。大雁塔位於西安市南郊大慈恩寺內，塔高64公尺，呈方形角錐狀，共7層，是中國樓閣式磚塔的優秀典型建築。塔身磨磚對縫，結構堅固，底層四面有磚券拱門，塔底層南門兩側嵌立著唐代書法家褚遂良書寫的兩通石碑。小雁塔因塔體較大雁塔小，而且比大雁塔小55歲，故稱小雁塔，塔為密簷式方形磚構建築，是早期密簷式塔的代表作。小雁塔在1200多年的歲月中曾產生過3次大的裂縫，又都自動癒合了，堪稱奇蹟。

陝西歷史博物館

　　陝西歷史博物館位於西安大雁塔附近，是中國第一座現代化的國家級博物館。這裡常年展出「陝西古代史陳列」，彙集在陝西出土周、秦、漢、唐等各個朝代的文物的精華，館藏文物達1717950件（組），上至遠古時期，下到1840年以前，時間跨度長達100萬年，包含青銅器、金銀器、玉器、陶瓷、唐墓的壁畫等。這些展品是從80萬件文物中精選出來的，大多為稀世珍品，充分地反映了中國古代從原始社會到中世紀中期，周、秦、漢、唐等10餘個封建王朝建都西安的歷史風貌，具有極高的歷史、科學和藝術研究價值。這座博物館被稱為「中華文明的歷史長廊」。

黃帝陵

　　黃帝陵位於黃陵縣城北的橋山上，高約3.6公尺，周長48公尺。墓前碑亭內立有「橋陵龍馭」碑和「黃帝陵」碑。黃帝傳說是中原各族的共同祖先，姬姓，號軒轅氏、有熊氏、少典之子，原為一氏族部落首領，由於在阪泉戰勝炎帝，在涿鹿擊殺作亂的蚩尤而被擁戴為部落聯盟領袖。其陵墓在甘肅、河北、河南等地也有。因《史記·五帝本紀》上有「黃帝崩，葬橋山」的記載，故歷代均在橋山黃帝陵舉行祭祀大典。橋山黃帝陵墓南側有漢武仙台，台側石碑上載有漢武帝在此築台祈仙的史實。山麓有黃帝廟，廟內有一株高19公尺的千年古柏，傳為漢武帝手植。

黃帝陵祭亭紅柱綠瓦，四角飛簷，亭中石碑刻「黃帝陵」三字，係1958年郭沫若所書。

華清宮

華清宮位於西安城東25公里的驪山腳下，是一組龐大的建築群，從驪山山麓至山頂布滿門樓殿宇。唐貞觀十八年（644），唐太宗委派傑出建築師閻立本負責設計，把驪山改建為湯泉宮。唐天寶六年（747），唐玄宗再次大規模擴建，改名華清宮。唐玄宗每年都要帶楊貴妃來此遊樂。唐玄宗住在這裡的寢宮叫飛霞殿，殿南的御用浴池名蓮花湯，全用白石砌成，池中有兩朵白石雕成的蓮花，溫泉從花心隱藏的泉眼中流出。蓮花湯西面的芙蓉湯，是楊貴妃專用的浴池。白居易傳誦千古的「春寒賜浴華清池，溫泉水滑洗凝脂」的詩句，描寫的場景就在這裡。

驪山老母祠

驪山老母祠位於西安市臨潼區城南驪山西繡嶺第三峰之巔，始建於秦。唐初重建，時稱老母祠。老母殿整體建築包括山門5間、三仙殿3間、祭殿5間、主殿5間、廂房6間、配殿4間。三仙殿內供奉被尊為「福壽、

治眼、授子」3位女仙（雲宵、瓊宵、碧宵）之神像。主殿內供奉驪山老母（女媧）金身神像。主殿內存有唐廣德元年（763）立之《驪山老母授經碑》一通，記述唐代著名道士李筌在驪山腳下遇老母為其傳授《陰符經》的經過。

唐朝貴婦像。

Travel Smart

黨家村

黨家村位於陝西省韓城市東北9公里，是北方傳統民居建築的一顆明珠。它始建於元至順二年，歷經明、清兩代多次較大規模的興建，現仍保留明、清四合院137座，祠堂12座，戲樓2座，貞節牌樓1座，文峰磚塔1座。村內巷道用條石鋪砌，每戶宅院都有高大門樓，門樓兩側牆上等處有傳統治家格言、詩文及磚雕、木雕圖案。黨家村傳統文化氛圍濃郁，內涵豐富，地方特色濃厚，極具歷史、文化和藝術價值。

華清池。

秦始皇陵

位於陝西臨潼東5000公尺的下河村附近的秦始皇陵始建於西元前247年，歷時37年才建成。據《史記》載：陵墓開鑿很深，地底見水，用銅加固，上置棺槨；建有豪華宮殿，並設百官位次；放滿奇珍異寶，設弩機以防盜墓；灌輸水銀為百川江河大海，以明月珠為日月，鑄金銀為雁鳧，刻玉石為松柏，用魚油膏為燈燭照明。工程之艱巨，陳設之豪華，十分驚人。陵園面積近8平方公里，有內城和外城兩重。在陵西內、外城之間，挖掘出飼養馬的葬儀坑17座，埋有珍禽異獸的瓦棺葬17座，跽坐陶俑14座；陵西還有陪葬墓和陪葬坑，埋有木質、銅質車馬。陵北有陪葬坑和耳室7座。內城北側有密集的建築遺跡，似為寢殿、祖廟建設。秦陵區還發現有53座馬廄坑、17座殺殉墓和17座刑徒墓、魚池建築遺址和打石場遺址等。秦始皇陵目前僅普查了總面積的1/10，但出土文物就有四五萬件，對研究中國古代政治、文化、軍事和冶金技術等具有極其重要的價值。

兵馬俑。

秦銅馬車

秦陵銅車馬出土於秦始皇陵西側20公尺處。銅車馬主體為青銅所鑄，一些零部件為金銀飾品。各個部件分別鑄造，然後用多種工藝將眾多的部件組裝為一體。銅車馬通體彩繪，馬為白色，彩

秦陵銅馬車。

繪時所用顏料均為用膠調和的礦物顏料，利用膠的濃度塑造出立體線條。車、馬和俑的大小約相當於真車、真馬、真人的1/2。它完全仿實物精心製作，真實地再現了秦始皇帝車駕的風采。秦代的金屬加工技術輝煌的成就，在秦陵銅車馬的製造上集中體現出來。秦陵銅車馬共有3000多個零件，秦代工匠巧妙地運用了鑄造、焊接、鑲嵌、活鉸連接、子母扣連接、轉軸連接等各種工藝技術，將它結合為一個整體，達到了非常高的水準。特別是一、二號車的傘蓋，其厚度僅0.1公分～0.4公分，而面積分別為1.12平方公尺和2.3平方公尺，整體用渾鑄法一次鑄出，工藝出神入化。秦陵銅車馬被譽為中國古代的「青銅之冠」。

秦兵馬俑坑

秦兵馬俑坑是1974年春被發現並挖掘出來的，先後發掘三處：1號坑東西長230公尺，寬62公尺，深5公尺，分長廊和11條過洞，共出土武士俑500多個，戰車4輛，馬24匹，估計整個坑內埋有兵馬俑6000餘個；2號坑呈曲尺形，面積6000平方公尺，有兵馬俑千餘，由騎兵、戰車、步卒和射手混編而成，配有各種實戰武器；3號坑平面呈凹形，面積500平方公尺，內有戰車一乘，衛士俑68個，配有大批武器，似為中軍統帥處。此外，陵旁還出土兩級銅車馬俑，每組配4匹馬及馭手。車、馬、人雕鏤精緻，鎏金錯銀，金碧輝煌。兵馬俑形象地再現了秦始皇當年行軍作戰、統一六國的雄偉陣容，被譽為「世界第八大奇蹟」。

兵馬俑。

1號坑全景圖。

西北 甘肅

蘭州市區依山抱河，頗具形勝。
市區內外雲樹深沉，樓閣連空，
風景秀麗。

🌐 行政區劃

　　甘肅省簡稱甘或隴，舊時因取其境內的甘州、肅州兩地的首字而得名。地處北緯32°31`～42°57`、東經92°13`～108°46`之間。甘肅的地理位置在國境中偏西北，處於黃河上游。東臨陝西，西南與青海、四川接壤，西與新疆維吾爾自治區相連，北與內蒙古自治區相連，部分與蒙古國交界，東北與寧夏回族自治區連接。省境地域狹長，自西向東南延伸。面積45.43萬平方公里，居中國第七位。轄12個地級市、2個自治州，以及20個市轄區、4個縣級市、58個縣、7個自治縣。省會蘭州市。

蘭州市

　　蘭州市是甘肅省省會，全省的經濟、文化和交通中心，也是中國西北地方最大的重工業城市。面積1.31萬平方公里，全市轄5區3縣。人口369.31萬，以漢族居多。蘭州地處隴西黃土高原、青藏高原、內蒙古高原的交會地段，自古為西北地方軍事重鎮，古代「絲綢之路」的要衝，地理位置極為重要。清康熙五年（1666）蘭州始為甘肅省會。1941年設蘭州市。市區呈狹長帶狀分布於黃河谷地，主要交通線也因之多呈東西方向。市區西部黃河諸大峽谷中，已建成劉家峽、鹽鍋峽及八盤峽3座水電站，且有西固熱電站與窯街、阿干鎮等煤礦，動力資源較為豐富。蘭州還是中國重要的新興工業城市，重工業以石油、化工、機械製造、有色金屬冶煉為主，還有電力、採煤、鋼鐵等部門。輕工業以棉、毛紡織等工業為主，其次有製革、造紙、醫藥等。

敦煌市

　　敦煌市為甘肅省酒泉地區轄市，是河西走廊西端的交通樞紐，是進入新疆、西藏的門戶。位於黨河和疏勒河下游最大的綠洲上，為古代「絲綢之路」西出玉門和陽關的主要門戶。敦煌古城在黨河西岸，北魏置瓜州敦

煌郡，五代以後均稱沙州。清乾隆二十五年（1760）復名敦煌縣。1987年改為縣級市。敦煌屬暖溫帶極乾旱氣候，綠洲盛產優質棉花和瓜果。工業有農機製造、農具、磷肥、電力等。市境地處甘、新、青、藏的交通要道上，蘭新鐵路和甘新公路橫貫市境以北。境內有從紅柳園至青海、西藏及敦煌至西安等公路幹線。城南有大沙山，高出敦煌城620公尺。中國最著名的石窟—莫高窟就位於該市境內。

玉門市

玉門是中國石油第一城，1955年建市，1958年與原玉門縣合併。市區居民有漢、回、蒙、藏等20多個民族。玉門市地處甘肅省西部，是古「絲綢之路」上的重鎮，也是古代中國通往中亞、東歐的必經之地。而今，蘭新鐵路和上海至伊寧的312國道橫貫境內，並有公路直達中蒙邊境馬鬃山通商口岸，東臨鋼城嘉峪關、古城酒泉，西通敦煌旅遊觀光區。玉門市已成為歐亞大陸橋上新的交通樞紐。玉門市地域廣闊，資源豐富。礦藏資源除石油已被大量開採利用外，還有煤、鐵、銅、鉻、鉛、鋅、金、硫磺、芒硝等30多種。玉門市土地肥沃，日照時間長，氣溫適中，水源充足，是河西著名的商品糧基地之一。這裡著名的農產品有髮菜、白蘭瓜、紅蔥、花海辣椒、昌馬羊等。玉門市藥材資源達240多種。玉門歷史悠久，文物古蹟和風景名勝遍布城鄉，被列為省、市級保護點的共104處。著名的古蹟有火燒溝文化遺址、昌馬石窟、老君廟、紅山寺等，著名的自然景觀有乾海子鳥類自然保護區、祁連冰川等。

👤 人口、民族

甘肅省人口分布極不平衡，歷史變化也很大。20世紀初，全省人口約600萬，由於旱災、地震、瘟疫、戰爭等原因，人口增長極為緩慢。1942年～2000年人口增長迅速，加之外地人口大量遷入，全省人口猛增，截至2016年底，人口為2609.95萬人。目前人口平均密度為每平方公里57人，低於全國平均水準。甘肅是多民族眾居省區之一。在省內的17個主要民族中，以漢族人口最多，分布遍及全省。回、藏、東鄉、裕固、保安、蒙古、哈薩克、土、撒拉等少數民族人口總數約有223萬，占總人口的8.69%，多集中於各民族自治州及自治縣。其中以回族人口最多，約占全省少數民族人口的61.4%。

保安族

保安族主要分布在甘肅省積石山，有人口1.5萬（2016）。保安族有自己的語言，保安語屬阿勒泰語系蒙古語族，分大河家和同仁兩種方

玉門市紅柳峽山岩。

保安族男子多戴白布做的圓頂小白帽，穿白衫。

言；無本民族文字。關於保安族的族源，歷史文獻記載很少。明初，朝廷在其地置「保安站」、「保安操守所」招募士兵戍邊，並築「保安城」，加強對周圍地區屯田事務的管理。保安族以農業生產為主，部分人兼營手工業。「保安刀」是保安族的傳統手工藝品，製作工藝精湛，鋒利耐用，享譽遠近。著名的「雙刀」和「雙壘刀」的刀把多用黃銅或紅銅、牛角、牛骨堆疊而成，刻有各種美麗的圖案，有「十樣錦」之美稱。

裕固族

裕固族主要分布於甘肅省肅南裕固族自治縣和酒泉市的黃泥堡裕固族鄉，有人口1.3萬（2016）。裕固族有自己的語言，分西部裕固語和東部裕固語；無本民族文字。裕固族自稱「堯呼兒」。1953年，經本民族代表協商，確定以同「堯呼兒」音相近的「裕固」為族名。裕固族之先民的活動，可溯至西元前3世紀的丁零、4世紀的鐵勒和居住在今蒙古國色楞格河、鄂爾渾河流域的袁紇。唐武后時，一部分回紇人遷至甘州（今張掖）、涼州（今武威）一帶遊牧。9世紀中葉，又有一支回紇人遷至河西走廊，與當地的回鶻部會合，即成為今裕固族前身。中華人民共和國成立後，隨著當地交通運輸和文化教育、衛生事業的發展，裕固族已實現牧戶定居，生活水準有了很大改善。

東鄉族

東鄉族主要分布在甘肅省臨夏回族自治州，少數散居在蘭州市、定西市、寧夏回族自治區和新疆維吾爾自治區，有人口45萬（2016）。東鄉族有自己的語言，東鄉語屬阿勒泰語系蒙古語族；無本民族文字。東鄉族因居住在河州（今臨夏地區）東鄉地區而得名。14世紀後半葉東鄉族由聚居在東鄉的許多民族融合而成。構成其族源的主要成分是信仰伊斯蘭教的色目人和蒙古人。東鄉族以農業生產為主，大部分地區以馬鈴薯為主食。東鄉

裕固族服飾色彩鮮豔，獨具特色。

東鄉族的生活習慣與回族相似，圖中東鄉女子的衣著打扮具有伊斯蘭教特色。

的馬鈴薯品質優良。此外，唐汪川的桃杏在甘肅也頗有名氣，它既不同於桃，又有異於杏，個大色美，皮薄肉厚，甘甜爽口，具白蘭瓜之醇香。畜牧業，特別是養羊，在東鄉族人民生活中占有重要地位。

新石器時代鏤孔灰陶石。

歷史文化

甘肅隴中的涇、渭上游諸河谷為中華民族發祥地與華夏文化搖籃，新石器時代就出現了齊家文化。省境最早屬禹域雍、河之地。春秋戰國時，隴中為諸戎所據，河西分由匈奴、月氏、烏諸族占領。漢武帝元狩二年（前121），於河西置武威、酒泉、張掖、敦煌四郡，開闢了中原地區通向西域的走廊。隋唐以前，蘭州曾是中國通向中亞、西亞，甚至歐洲的交通要地。歷史上的「絲綢之路」自長安經省境東部到涼州武威進入河西走廊。隋唐時期，河西農田水利和屯墾再度興盛，農業非常發達，積糧甚多。明代以後，隨著海上交通的發展，「絲綢之路」逐步被取代。

齊家文化

齊家文化上承馬家窯文化，屬於新石器時代晚期至青銅時代早期文化。早期年代約為西元前2000年，主要分布於黃河上游地區甘肅、青海境內。齊家文化反映了父系氏族社會的特點。齊家文化的經濟生活以原始農業為主，主要種植粟等農作物，人們過著比較穩定的定居生活。齊家文化的畜牧業也相當發達，飼養的家畜有豬、羊、狗、牛、馬等，其中養豬業最為興旺。手工業也發展到一定水準，製陶、紡織及冶銅業都取得較大成就。齊家文化的陶器獨具特色，主要有泥製紅陶和夾砂紅褐陶，還有少量的灰陶和泥製彩陶，紡織品以麻織布料為主，冶銅業也很發達，晚期已進入青銅器時代。

絲綢之路

張騫出使西域，開闢了中國與歐亞各國的重要陸地交通路線，主要從長安經甘肅涼州抵達對外通商的敦煌。由敦煌出發通往歐亞各國的商路有兩條：一條沿崑崙山北麓，經今新疆境內翻越蔥嶺（今帕米爾高原）南部，途經大月氏（今阿富汗境內）、安息（今伊朗）諸國，抵達地中海，或南行至身毒（今印度），此為南道；一條沿天山南麓西行，經今新疆境內翻越蔥嶺北部，途經大宛（今費爾幹納盆地）諸國，再西行抵達大秦（羅馬），此為北道。北道和南道都在高山、沙漠和高原之間，使節、駝商隊伍往來其間，交易貨物主要是絲織品，也有寶石、香料和玻璃器具等。這兩條貿易路線因運銷中國的絲織品聞名於世，被中外歷史學家譽為

「絲綢之路」。絲綢之路推動了東西方物質、文化的交流，對於促進中國各族人民和中國與歐亞各國人民之間的經濟、文化交流起到了重要的作用。

李白

李白（701～762）字太白，號青蓮居士，唐代詩人，祖籍甘肅，生於西域碎葉城。天寶年初，李白入長安，經人推薦，任翰林供奉，因蔑視權貴，遭讒出京，漫遊各地，寫下不少優秀詩篇。他的詩嚮往自由生活，蔑視封建權貴，尖銳批判當時政治的腐敗，同情人民的疾苦。他從民歌、神話中吸取營養和素材，構成其特有的詩風，擅用自由解放的體裁、樸素優美的語言來表現自己熱烈奔放的思想感情。李白的詩作在中國文學史上以氣勢雄渾、聯想瑰奇而自成一家，是盛唐時期詩歌的最傑出代表，也是繼屈原之後，中國浪漫主義文學的新高峰，被後人尊為「詩仙」。

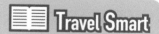

Travel Smart

慶陽剪紙

甘肅慶陽剪紙是慶陽民間工藝的一朵奇葩，古拙質樸，天然渾厚，圖案繁雜，體現了中華先民們對生命崇拜的原始圖騰文化，被稱為古文化的「活化石」。剪紙的作者大都是農村婦女，她們一把剪刀剪到老。慶陽剪紙分三大流派，即山後、前原、山原三派。題材極為廣泛，大自然的山水動物、民間故事傳說，都是剪紙的永恆主題。這些作品都散發著濃郁的鄉土氣息，反映著黃土高原人們的生活風貌，滲透著古老而燦爛的高原文化。

清代蘇六朋繪《太白醉酒圖》。

🏔 地貌

甘肅省地貌獨特，隴東黃土高原和隴南山地起伏於省境的東南部，起自蘭州西北，止於疏勒河玉門關，長達1200多公里，猶如一根東西橫置的髀骨，南與青海界山祁連山脈接壤，北與龍首山、合黎山和馬鬃山毗鄰。全省以高原、山地為主，分為隴南山地、隴中黃土高原、甘南高原、祁連山地、河西走廊、北山山地等6類地形區。西部高達海拔3000公尺以上；而東、北、西三面均低於一千公尺。最高峰為甘、青兩省的界山祁連山主峰團結峰，海拔5827公尺。山脈包括阿爾金山東段、祁連山大部、甘南高原及岷迭山原。烏鞘嶺以東、渭河以北稱隴中高原和隴東高原，海拔1500公尺～2000公尺，其間以六盤山（又稱隴山）分開，均屬黃土高原。

祁連山脈

祁連山脈是位於甘肅、青海兩省間的巨大山系。祁連山在古匈奴語中，意即「天山」。因在河西走廊之南，又稱南山。祁連山脈東起烏鞘嶺，西止當金山口，南鄰柴達木盆地、茶卡—共和盆地和黃河谷地。山脈呈北西西—南東東走向，長900公里～1000公里，寬250公里～300公里，面積20.6萬平方公里。祁連山脈在構造上屬祁連褶皺系，白堊紀以來祁連山主要處於斷塊升

祁連山冰川。

甘肅隴東黃土高原的墚峁狀地形。

降運動中，最後形成一系列地壘山地和地塹式谷地相間排列的地貌山脈。山系西北高，東南低，絕大部分海拔3500公尺～5000公尺，最高峰為疏勒南山5827公尺的團結峰。山系南北兩翼極不對稱，北坡相對高度達3000公尺，南麓相對高度僅500公尺～1000公尺。山區冰川分布廣泛，有冰川3066條，儲水量達1320億立方公尺。其中疏勒南山、土爾根達阪和走廊南山冰川規模最大。

隴東黃土高原

甘肅是黃土高原的一部分。隴東黃土高原有廣闊而富饒的土地，主要是甘肅的高原、中低山，包括隴中黃土高原，隴南山地及河西走廊與北山大部，占全省面積的59.2%，海拔低於2000公尺。這裡是甘肅省著名的糧倉之一，土地利用程度高，也是人口最多的地區之一。尤以河西綠洲與東部各河谷川台地，為甘肅省開發利用及經濟發展精華之所在。其中東部外流區各河流的中下游谷地，由於緯度和海拔均低，氣溫高，屬亞熱帶和暖溫帶氣候，適於多種經濟作物的種植。隴南山地，山高谷深。高山海拔達4000多公尺，山嶺間有寬闊的谷原，白龍江與西漢水流經其間。省境最南端設有白水江自然保護區，是甘肅省唯一具有北亞熱帶生物資源的自然景觀區。

河西走廊

河西走廊位於甘肅西部，是中國內地通往新疆的要道，東起烏鞘嶺，西至古玉門關，南北介於南山和北山間，長約1000公里，寬數十公里至近百公里，為西北—東南走向的狹長平地，形如走廊，故稱甘肅走廊。因其位於黃河以西，又稱河西走廊。河西走廊自南而北，依次出現南山北麓坡積帶、洪積帶、洪積沖積帶、沖積帶和北山南麓坡積帶。走廊地勢平坦，沿河沖積平原形成武威、張掖、酒泉等大片綠洲。其餘廣大地區以風力作用和乾燥剝蝕作用為主，戈壁面積廣大，綠洲面積更小。河西走廊冬春兩季常形成寒潮天氣。氣候乾燥，冷熱變化劇烈，風大沙多。夏季降水的主要來源是侵入本區的夏季風。自東而西年降水量漸少，乾燥度漸大。河西走廊歷代均為中國東部通往西域的咽喉要道，目前也是溝通中國東部和新疆的幹道，為西北邊防重地。

雅丹地貌

雅丹地貌以羅布泊附近雅丹地區風蝕地貌最為典型而得名。甘肅也有廣泛的分布。其中瓜州縣城東45公里處的布隆吉鄉，公路兩側隨處可見造型各異、犬牙交錯的風蝕灘地。布隆吉一帶由於千萬年的風吹日曬，使地表平坦的砂岩層形成風蝕壁翕、風蝕蘑菇、風蝕柱、風蝕壟槽和風蝕窪地、殘丘、城堡等各種地貌形態。安西縣素有「世界風庫」之稱，

騰格里沙漠中的自然景觀。

這裡地處兩山之間類似狹管的長廊地帶，地勢低平，當空氣流入後，狹管起到了加速氣流運動的作用，故常形成大風。由於長期受風蝕作用的影響，致使沿途地區變成了形態各異的多種雅丹地貌奇觀。

騰格里沙漠

騰格里沙漠是中國第四大沙漠，位於阿拉善盟東南部，面積約3.67萬平方公里。沙漠包括北部的南吉嶺和南部的騰格里兩部分，習慣統稱騰格里沙漠。沙漠內部沙丘、湖盆、山地、平地交錯

形態各異的雅丹地貌，猶如一座中世紀的古城。

分布。其中沙丘占70%，在沙丘中，流動沙丘占93%，其餘為固定、半固定沙丘。騰格里沙漠引黃灌溉的綠洲沙漠有大小湖盆多達422個，而且多為無明水的草湖。湖群呈帶狀分布，水源主要來自周圍的山地潛水。沙漠中有「鳴泉」，可預報地震。沙漠內部無固定道路，沙漠中的居民以蒙古族為主，經營畜牧業，定居放牧。

水系

　　甘肅省河流皆發源於西南山原，呈放射狀向東、西北及東南分流，大致以冷龍嶺、烏鞘嶺至景泰長嶺山一線為界，西北部屬內流區，東南部屬外流區。內流區主要有哈爾騰河、疏勒河、黑河及石羊河四大水系，均源出祁連山。外流區河流分屬黃河和長江兩大水系。水力資源是甘肅能源中的優勢資源，新中國成立後，先後在劉家峽、鹽鍋峽、八盤峽、文縣碧口建成了4座大中型水電站，在全省還建成小水電站526座，充分滿足了全省的用電需求。

黑河

　　黑河是甘肅省河西走廊中最大的河流，屬於內流河。上游稱甘州河，源出祁連山脈走廊南山與托來山間的分水嶺，東南流經縱谷草地，至黃藏寺納東南來的鄂博河後，轉向西北，水深流急，至鷹落峽口出山。鷹落峽以北為中游，入走廊平地在張掖市烏江以北，匯山丹河轉向西北流，始稱黑河。高台正義峽以北為下游，經金塔盆地東端，至鼎新後有北大河由西向東來匯，復東北流，進入居延海盆地幹三角洲，又名額濟納河，河道寬淺流緩。黑河主要支流有大馬營河、童子壩河、民樂洪

甘肅省境內的黑河。

水、梨園河、馬營河、豐樂河、托來河等，均源於祁連山中段，河水補給以雨水補給為主，冰雪融水次之。河流的上游山區降水豐沛，有冰川420平方公里和片狀林木分布，為水源補給地，而且還是良好的牧場；中、下游地勢低平，張掖、臨澤、高台、酒泉和金塔諸綠洲灌溉農業發達。黑河的整個流域建成有30座百萬立方公尺以上的水庫，較大的有祁家莊、鸚哥嘴、清河灣、鴛鴦池、解放村和黑山湖等水庫。

疏勒河

疏勒河是甘肅省河西走廊內流水系的第二大河，古名端水。它源於祁連山脈西段托來南山與疏勒南山之間的疏勒腦，疏勒古河道穿哈拉諾爾至新疆羅布泊。由發源地至近期終端湖哈拉諾爾，長不過600公里，實則安西以下早已不見地面徑流，僅存乾河道遺蹟。昌馬沖積扇以西主要支流有榆林河及黨河，以東主要支流有石油河及白楊河，均源出祁連山西段。疏勒河水係雨水補給減少，冰雪融水顯著加大，上游祁連山區降水較豐，多高山草地，為良好牧場；中、下游地勢低平，玉門鎮、安西、敦煌和赤金—花海諸綠洲的灌溉農業發展迅速。全流域已建成100萬立方公尺以上水庫5座。

黃河大峽水電站。

氣候

甘肅省氣候為明顯的溫帶大陸性季風氣候，大致由隴南的北亞熱帶與暖溫帶濕潤區，逐漸向隴中暖溫帶半濕潤區與溫帶半乾旱區，河西溫帶、暖溫帶乾旱區及祁連山地高寒半乾旱、半濕潤區，甘南高寒濕潤區過渡。冬春乾旱而少酷寒，夏季多暴雨而冷暖變化大，年降水量變化大。全省氣溫年較差和日較差均大，降水的年變化和地區變化更大，年降水量從東南的805.7毫米到西北減為36.8毫米。光照足，熱量大。除隴中南部外，年日照時數達2400小時以上，河西大部逾3200小時。但不同地區有不同程度的災害性天氣。

自然資源

甘肅省礦藏、水力資源豐富，已建設成為中國著名的有色金屬、石油化工、電力機械、毛紡織和核工業基地之一。金昌的金屬共生鎳礦，皋蘭銅礦，白銀鋁廠，蘭州石油化工，毛紡，阿干鎮煤礦，玉門油礦，劉家峽水電站等均很有名。甘肅位處黃土高原，屬半濕潤半乾燥區，省內的動植物有自己的特色，植物多以耐旱、耐鹽鹼的為主，如賀蘭女蒿、瓣鱗花等。而動物則以植食性的、並且能生存於乾旱的草原或荒漠的野生動物為多。

瓣鱗花。

鎳、鈷礦

甘肅省是中國最大的鎳資源省及鎳工業基地。已知產地5處，累計保有儲量約450萬公斤，約占中國的76.8%。工業礦床集中產於龍首山地區，受古老地塊邊緣深斷裂控制。北山和祁連山亦發現有礦化產地。鈷是甘肅省的優勢有色金屬。已知產地15處，保有儲量14.77萬噸，人均占有量5.66公斤，其中金川礦床儲量約占全省總量99%。其餘兩處產地（康縣陽壩銅礦、文縣溝嶺子錳礦）的保有儲量僅1599噸。鈷在礦床中均以類質同象分別儲存於硫化銅鎳礦（金川）和黃鐵礦型銅礦（陽壩）的硫化物以及沉積錳礦（溝嶺子）的氧化物中。

賀蘭女蒿

賀蘭女蒿屬菊科，半灌木，是一種較耐旱的植物。植株高25公分～50公分。葉片灰綠色。花淺黃色。賀蘭女蒿為中國特有種，分布於甘肅、寧夏、內蒙古，生於海拔1900公尺～2250公尺處的山坡、石縫、草原或荒漠草原。

瓣鱗花

瓣鱗花屬瓣鱗花科，一年生矮小草本植物，高5公分～16公分。葉小，常4枚輪生。花小，粉紅色。瓣鱗

藏原羚。

花科有4屬約90種，中國僅產1屬1種。瓣鱗花是古地中海植物區系成分的典型代表，分佈於甘肅、新疆、內蒙古，多生於海拔1200公尺～1450公尺處的鹽化草甸中。屬國家三級保護稀有種。

藏原羚

藏原羚別名原羚、西藏黃羊、小羚羊，屬牛科，國家二級保護動物。體長小於100公分，尾長6公分～10公分，體重不超過20公斤。雄性具角，向後彎曲呈鐮刀狀。耳狹而尖短，臀斑甚大，尾短，四肢纖細，蹄狹窄。背為紅棕色，臀斑和腹部為白色。藏原羚是典型的高原動物，棲息在青藏高原及毗鄰地區，喜歡在水源充足、坡度不大的寬谷地區活動。牠們一般過群居遊蕩的生活，2隻～6隻或10餘隻結成小群，冬季集群數量增加，有時甚至出現百隻以上的大群。藏原羚性機警，聽覺和視覺發達，發現敵情，疾馳如飛。食物以禾本科和莎草科植物為主。每年繁殖一次，孕期6個月左右，每胎1仔，有時產2仔，羚羊仔產下後3天就可以跟隨羊群奔跑。藏原羚主要分佈在甘肅、青海、新疆和西藏等地。

白唇鹿

白唇鹿是中國特有的珍貴動物，國家一級保護動物。只產於青藏高原、甘肅祁連山和四川西部等較高處的開闊林地。白唇鹿兩角伸開，身體灰褐色，下唇和吻端兩邊呈純白色，故名白唇鹿。牠體型很大，身體長度超過2公尺，尾巴卻很短。白唇鹿生活在海拔3500公尺～5000公尺的高原山地上，以樹葉、草等為食。白唇鹿身上有厚厚的長毛，不畏寒冷和風雪，腳蹄寬大，善於翻山越嶺，是一種耐受力很強的鹿。冬天，牠們結成小群，四處尋找食物充飢。白唇鹿現已很罕見，被列為瀕臨絕種的動物。

白唇鹿。

🏛 經濟

　　甘肅省在1949年以前經濟、文化落後，人民多從事較原始的農牧業。20世紀50年代以後，隨著境內石油、煤、鐵和多種金屬的開採利用，甘肅的經濟得到較快的發展。此外，省內還開通多條鐵路，蘭州已成為西北地方鐵路幹線的樞紐，為經濟的發展提供了交通上的便利，甘肅一躍成為以石油化工和有色金屬冶煉為主的新興工業基地和中國西北工業較發達的省區。農、牧、副、漁也有了相應的發展。

工業

　　甘肅省工業以重工業為主，其中以石油、化工、有色金屬和機械工業等基礎較好，並在中國工業體系中占有重要地位。其次，電力、煤炭、鋼鐵和建材等工業部門也很有優勢。甘肅石油開採較早，石油河中游的玉門（老君廟）油田是中國最早的石油工業基地，隴東的慶陽城則為長慶石油產地的中心。煉油工業以蘭州為主。化學工業則以生產化纖及化肥等為主。機械工業主要生產石油化工、礦山勘探及採掘、通用機器等多種工業機械和鐵路車輛、汽車修造等交通運輸機械以及農業機械等。鋼鐵工業主要有酒泉鋼鐵聯合企業，生產鋼鐵、焦炭等產品。省境內的有色金屬礦藏資源十分豐富，已探明的有色金屬礦藏達60處。電力工業以蘭州及其附近地

地處河西走廊中段的酒泉地區的農墾農場多採用機械收割大麥。

蘭州特產之一——白蘭瓜。

區的規模較大，蘭州西固熱電站與新建的劉家峽、鹽鍋峽、八盤峽3座大型水電站組成了蘭州電力網。甘肅輕工業以食品和紡織為主。

交通

甘肅近代交通落後，與東部各省聯繫甚為不便。20世紀50年代以來，甘肅的鐵路、公路及航空運輸發展迅速，逐步形成以蘭州為中心的現代化陸、空交通網。鐵路運輸主要有天蘭、蘭新、包蘭、蘭青等4條幹線和甘（塘）武（威）線、寶（雞）成（都）線、蘭（州）長（征）線、蘭州—小川線等市郊支線，聯繫著省內重要城市及鄰近省區，組成甘肅省交通運輸網的骨幹。蘭州已成為中國西北鐵路交通的樞紐，並且還成為中國規模最大的伸長式鐵路樞紐。甘肅省境內高速公路通車總里程達到3000公里，主要公路有西（安）蘭（州）、

酒泉衛星發射中心內的火箭助推吊裝場景。

甘肅312國道。

甘（肅）新（疆）、蘭（州）青（海）、華（家嶺）雙（石鋪）、蘭（州）郎（木寺）等幹線，分別與陝、新、寧、青、川等省區相聯。航空運輸也以蘭州為中心，有通往北京、成都、上海、烏魯木齊、西寧、廣州等大城市的航線，還有通往省內的酒泉、敦煌、慶陽、天水等地的班機。

甘肅南部的黃河大橋。

✈ 旅遊地理

　　悠遠的歷史是甘肅省最重要的旅遊優勢，絲綢之路是全省旅遊的主題。漢代之後隨著絲綢之路的打通，中西方在文化、經濟上的交流在此遺留下諸多的城鎮、關隘、長城、寺廟、石窟。武威雷台漢墓出土的藝術珍品踏飛燕銅奔馬，被作為中國旅遊的標誌。甘肅又被稱為「石窟藝術之鄉」，其傑作敦煌莫高窟啟發了藝術再創造的靈感。甘肅高原雄渾，山地險峻，也有黃河之濱水車轉動的隴上江南和水草豐美的牧場。十餘個民族各具特色的文化與其所在地的自然風光有機結合，構成了甘肅豐富多彩的旅遊環境。

鳴沙山與月牙泉

　　鳴沙山與月牙泉是絲綢之路上的一處自然奇觀。鳴沙山連綿起伏，山如虯龍蜿蜒，金光燦燦，宛如一座金山。鳴沙山懷抱一泓月牙形的清泉，泉水碧綠，如翡翠般鑲嵌在金子似的沙丘上。泉邊蘆葦茂密，微風起處，碧波蕩漾，水映沙山，蔚為奇觀。鳴沙山曾被稱為「沙角山」。當天氣晴朗時，沙鳴有聲，如雷轟響，聞於城內。「鳴沙山」之稱由此而來。遊人攀上沙丘，由山頂往下滑，沙礫隨人體落下，也會發出一陣陣轟響，近聞如獸吼雷鳴，遠聽如神聲仙樂。對於月牙泉在沙丘中經百年烈風卻並不被沙掩蓋之謎，有許多說法。有人認為，這一帶可能是原黨河河

灣，是敦煌綠洲的一部分，由於沙丘移動，水道變化，遂成為單獨的水體。而且因為地勢低窪，滲流在地下的水不斷向泉中補充，使之涓流不息，天旱不涸。這種解釋似可看作是月牙泉沒有消失的一個原因，卻無法說明因何飛沙未能淤塞月牙泉。

麥積山

　　麥積山地處天水市麥積區中南部，海拔在1400公尺～2200公尺之間，總面積130餘平方公里。因其形如農家麥垛，故名麥積山。風景區包括麥積山、仙人崖、石門山3個部分。舉世聞名的麥積山石窟就開鑿在這座奇峰的崖壁上。兩崖絕壁上，分布著194個洞窟。仙人崖，位於天水市麥積鎮東南45公

里處,這裡群峰競秀,風景綺麗,甘泉清冽,為隴南著名的風景勝地。石門山,位於天水市麥積鎮東南50公里處,因其峰巒俊秀,雄險清幽,被譽為「甘肅的小黃山」。石門山主要有斗姆、興龍、黃龍、玉靈、麒麟5峰,黃天峰和斗姆峰壁立對峙,聚仙橋橫跨二峰,景象不凡;「石門夜月」之景尤為誘人。現山上保留明、清古殿宇20餘座,塑像20餘尊。2014年,麥積山石窟以「麥積山石窟-廟宇建築群」之名,作為「絲綢之路:長安－天山廊道」的路網的33處遺產點之一,入選了世界文化遺產。

遠觀麥積山,在渾如麥垛的紅色崖層上,歷代開鑿的石窟上下錯落,層層疊疊,猶如蜂房。

清澈如碧的月牙泉充滿種種神奇。它地處沙丘包圍之中,每年狂風都會掀起周圍大量的黃沙,但月牙泉卻始終沒有被沙掩蓋。

麥積山仙人崖石窟。

炳靈寺石窟臥佛像。

炳靈寺石窟

炳靈寺石窟位於甘肅省永靖縣黃河山岸的積石山峭壁上，包括上、下兩寺和兩寺之間的洞溝3部分，上下4層，高低錯落，氣勢雄偉。下寺建於北魏延昌二年（513）；上寺建於唐代，洞窟開鑿於西秦建弘元年（420），距今已有1500多年的歷史。第169窟中有西秦建弘元年墨書題記和精美的西秦造像與壁畫，為中國石窟中最早的紀年，對探索中國石窟藝術的源流和發展，都具有十分重要的意義。此後，在北魏、西魏、北周、隋、唐、元、明等朝都不斷有新窟營建或舊窟修葺。現存窟龕183個，造像776尊，壁畫約900多平方公尺。

拉卜楞寺

拉卜楞寺位於甘肅夏河縣城西1000公尺處的扎喜奇灘地，寺院就坐落在灘地上。清康熙四十八年（1709）始建，是中國喇嘛教格魯派（黃教）六大寺之一。寺院規模宏偉，占地約86.8萬平方公尺，建築面積40餘萬平方公尺。原有6大扎倉（學院）、18囊欠（活佛公署）、18拉康（佛寺），並且金塔、辯經壇、藏經樓、印經院等建築遍布山腰以上，崇樓廣宇，金瓦朱甍，牆垣均為紅、黃色，寺頂四隅立銅質鎦金寶瓶，飛簷描金錯彩，華麗非凡。現擁有經堂6座、佛殿84座、藏式樓31座，佛宮30處，經輪房500間以及各種寺塔和僧舍等。其中壽禧寺為六層宮殿式建築，為全寺最高處。

嘉峪關關城

嘉峪關關城在嘉峪關市區西南6000公尺處，位於

拉卜楞寺的轉經輪排列起來長達3.5公里，共2000多個，轉遍每一個轉經輪需一個多小時。

嘉峪關。

Travel Smart

酒泉夜光杯

酒泉夜光杯是高級飲酒器皿，傳統工藝珍品。據傳，周穆王曾至瑤池會西王母，路過大月氏的昭武城（今甘肅臨澤縣板橋），西戎獻夜光常滿杯。「杯容三升，是白玉之精，光明照徹。夜以杯於庭中以向天，比旦而水汁滿中，汁甘而香美，斯實靈器」。夜光杯主要產地在酒泉，選用質地優良、花紋美觀的祁連山老山玉、新山玉等精工雕琢而成，造型生動，色彩斑斕。杯壁薄如紙、光如鏡，具有耐高溫、抗嚴寒的特點。種類有「一觸欲滴」（翠綠）、「鵝黃羽絨」、「藕滿池塘」等，具有很高的工藝美術價值。

嘉峪關最狹窄的山谷中部，城關兩側的城牆橫穿沙漠戈壁，北連黑山懸壁長城，南接天下第一墩，是明代萬里長城最西端的關口，自古為河西第一隘口。關城始建於明洪武五年（1372），因其地勢險要、建築雄偉，故有「天下第一雄關」、「連陲鎖鑰」之稱。它由內城、外城、城壕三道防線組成重疊並守之勢，形成五里一燧，十里一墩，三十里一堡，一百里一城的軍事防禦體系。並且城中有城，城外有壕，多道設防，重城並守。西側羅城向南有「明牆」延伸至祁連山下，向北「暗壁」隱伏至黑山半山腰，明牆暗壁相合，形成關城的西城牆。兩邊高山與峽谷對峙，關城居其中有「一夫當關，萬夫莫開」之勢。現在關城以內城為主，城高10.7公尺，以黃土夯築而成，西側以磚包牆，雄偉堅固。內城有東西兩門，東為「光化門」，意為紫氣東升，光華普照；西為「柔遠門」，意為以懷柔而致遠，安定西陲。在兩門外各有一甕城圍護，嘉峪關內城牆上還建有箭樓、敵樓、角樓、閣樓、閘門樓共14座。嘉峪關關城是長城眾多關城中保存最為完整的一座。

萬壽寺木塔

萬壽寺木塔，位於張掖市縣府南街，現張掖中學校園內。該寺初建於北周時期，經隋、唐、明、清歷代重修，其建築技巧集木工、鐵工、畫師技法於一體，製作精巧，至今已有1000多年歷史。現存木塔重建於1926年，是張掖城內五行（金、木、水、火、土）塔之一。塔高32.8公尺，8面9級，每級8角，上有木刻龍頭，口含寶珠，下掛風鈴，為中國少見的半木塔結構。主體為木製結構，外簷係閣式建造，塔身內壁是磚砌，各層都有樓板、迴廊和塔心，

門窗互異，並雕有花飾，門楣嵌有磚雕匾額。木塔沒有一釘一鉚，全靠斗拱、大樑、立柱縱橫交錯，相互拉結，是完整而堅固的木質結構造型。每層都有迴廊、扶欄，可依欄遠眺。整座塔給人以高大、巍峨之感，體現了中國獨特的樓閣建築藝術特點。塔後有樓，俗名黑樓，取震懾黑水之意，為清末重建，也稱藏經樓，面闊5間，高27.4公尺。樓有兩層，重簷歇山頂，四周木構欄，雄偉壯闊。

明長城遺址

明長城遺址是甘肅境內存留最長、最完整、最宏偉的長城遺蹟。它位於甘肅境內，西起嘉峪關，經酒泉、高台、臨澤、張掖、山丹、永昌、民勤、武威、古浪、景泰等地，南過黃河，在靖遠縣境內沿黃河南岸延伸，一直到黑山峽，在山峽口進入寧夏。甘肅境內的長城全長約1000公里，城牆高10公尺，底厚5公尺～6公尺，頂寬2公尺。每隔5000公尺設置烽火台，烽火台緊靠長城內側，遠遠望去，綿延無盡，十分壯觀。遇隘口、山口、河口均在長城外築有望台。嘉峪關、山丹、永昌、古浪等市縣境內都有保存完整的望台。甘肅境內的明長城，全用黃土夯築，有的地段夯土層間夾藏木椿、雜草或沙石夯實。甘肅境內的明長城突出的一點是關城眾多，而且建築精緻，最具代表性的是有「天下雄關」之稱的嘉峪關城樓。

萬壽寺木塔各層門窗互異，獨具匠心，第一層東西闢門，第二層東西假門，南北假窗；第三層四面闢門，開月窗；第六層有門無窗，第七層有窗無門。

鎖陽城遺址

鎖陽城位於瓜州縣城東南40公里處的戈壁灘上，主城近似正方形，南北長470公尺，東西寬430公尺。除主城外，還有4個甕城，城的四周還築有若干用以加固城郭的馬面。現在鎖陽城雖已廢棄，但城垣仍然存在，高約9公尺，寬約5公尺，全為黃土夯築而成。西城內有一口深約1.56公尺的水井，水深達1公尺左右。據說是唐代薛仁貴西征途中被困在此城時挖的，井旁有兩棵老柳樹，傳為唐人所栽。從城中發掘出的開元通寶等唐代器物斷定，城的始築年代當不晚於盛唐。據傳說，此城原名「若峪城」，後因唐代名

張掖大佛寺的大佛殿內，四壁和二層板壁上都繪有壁畫，總面積逾530平方公尺，內容多為佛教題材，還有天女、《西遊記》故事等。

將薛仁貴征西時缺糧以當地盛產的藥用植物鎖陽充饑而更名鎖陽城。

玉門關故址

玉門關故址位於甘肅省敦煌市城西北80公里的戈壁灘上。它與酒泉的玉門關是兩個地方，相傳「和田玉」經此輸入中原，因而得名。它是古代「絲綢之路」北路必經的關隘。現存的城垣完整，總體呈方形，東西長24公尺，南北寬26.4公尺，高9.7公尺，全為黃膠土築成，西牆、北牆各開一門，城北坡下有東西大車道，是歷史上中原和西域諸國來往及郵驛之路。

古酒泉

古酒泉位於酒泉市東郊泉湖公園，本來名叫金泉。相傳西漢時武帝派遣大將軍霍去病西征，大將軍大敗匈奴，武帝欣喜之餘，賜酒一罈犒賞。霍去病想和部屬分享，但人數眾多，酒不夠分配，於是他把酒傾入金泉內，和將士一同酌泉水而飲，後人因此把金泉改名酒泉。現在泉眼周圍有石欄，泉水源源不絕地自地下湧出，清冽澄碧，水質極佳。泉眼冬天不凍，夏天泉水清涼可口。泉旁有石碑一塊，上面題刻有「西漢酒泉勝蹟」，於1911年（清宣統三年）豎立。

武威文廟

文廟位於甘肅中部武威城區東南隅，坐北向南，始建於明正統二年（1437），後經重修擴建。廟內松柏參天，清幽恬靜。文廟總面積約1500平方公里，由東西兩組建築群構成。主建築分東西兩組。西以大成殿為中心，前有泮池、狀元橋，後有尊經閣，中為櫺星門、乾門，左右有名臣鄉賢祠和東西二廡。大成殿是文廟的正殿，面寬3間、進深3間，重簷歇山頂，頂置9脊，鴟吻螭獸俱全。脊皆以纏枝蓮紋磚砌築，正脊中設橋形火球。屋面盡覆琉璃筒板瓦。櫺格隔扇、腰華板、裙板等

鎖陽城遺址。

皆有簡單雕飾。周圍繞以迴廊、高台基，具莊重、肅穆、文雅之風韻；東以文昌祠為中心，前有山門、後有崇聖祠，整個建築布局對稱，結構嚴謹，廟堂外松柏參天，碑石林立，具有中國古代建築莊嚴雄偉、肅穆文雅之風韻，是目前甘肅省規模最大、保存最完整的一處古建築群。武威是河西四郡之一，是「絲綢之路」的必經重鎮，長期頻繁的中外交流，在這裡留下了極為豐富的文物古蹟。這些文物古蹟現都陳列在文廟之內，共計3.3萬多件。文廟是甘肅省保護較完整的古建築群，有「隴右學宮之冠」的美稱，現為武威市博物館所在地。

武威文廟的大成殿前，有泮池和櫺星門，泮池上的橋為狀元橋。

古酒泉泉眼均為巨石砌成的方形泉池，其水清冽，碧澄如酒。

敦煌莫高窟

敦煌莫高窟是世界上現存規模最宏大、保存最完好的佛教藝術寶庫。它位於敦煌市東南25公里處，開鑿在鳴沙山東麓斷崖上，南北長約1600多公尺，上下排列五層，高低錯落有致、鱗次櫛比，形如蜂房鴿舍。前秦苻堅建元二年（366），有沙門樂尊者行至此處，見鳴沙山上金光萬道，狀有千佛，於是萌發開鑿之心，後歷建不斷，遂成佛門聖地，號為敦煌莫高窟，俗稱千佛洞。莫高窟雖經歲月侵襲，至今仍保留有十六國、北魏、西魏、北周、隋、唐、五代、宋、西夏、元等10個朝代的洞窟500個，壁畫4.5萬多平方公尺，彩塑像2000多尊，是世界現存佛教藝術最偉大的寶庫。莫高窟是古建築、雕塑、壁畫三者相結合的藝術宮殿，尤以豐富多彩的壁畫著稱於世。若把壁畫排列，能伸展30多公里，是世界上最長、規模最大、內容最豐富的一個畫廊。洞窟的四周和窟頂，到處都畫著佛像、飛天、伎樂、仙女等，還有各式各樣精美的裝飾圖案等。「它是世界現存佛教藝術最偉大的寶庫」。1987年12月，敦煌莫高窟被聯合國教科文組織列入《世界遺產名錄》。

莫高窟雙塔

敦煌藝術

敦煌藝術是敦煌莫高窟、西千佛洞、榆林窟和小千佛洞等以佛教傳說為中心題材的石窟藝術的總稱。時間大致從十六國時期一直延續到元代，包括各代壁畫和塑像洞窟500個，壁畫4.5萬多平方公尺，彩塑2000餘尊，唐宋木構建築5座。敦煌藝術包括美術、建築和樂舞三大部分。敦煌美術主要包括諸石窟現存的壁畫、彩塑和藏經洞所出遺畫；敦煌建築主要包括諸石窟中的建築以及有關建築的資料、窟前建築遺址和敦煌地區內遺存的古建築；敦煌樂舞則包括遺書中有關樂舞的文字記載和彩塑、壁畫、絹畫有關樂舞的資料。各個時代的壁畫中所反映的當時的一些生產勞動場面、社會生活場景、衣冠服飾等畫面，為4世紀到14世紀中國古代社會的研究提供了寶貴資料。

敦煌菩薩

敦煌石窟佛教尊像中，菩薩的容貌姿態是最優美、最豐富、最動人的。菩薩像展示了東方女性美的魅力，她的塑像被世人稱為「東方維納斯」，她的畫像被世人稱

為「東方聖母」。敦煌石窟中有歷時10個朝代，1000餘年，數以萬計的各種菩薩彩塑和畫像，因有別於印度、東南亞、西域和中國中原菩薩的風格特點，研究者們把敦煌菩薩塑像和畫像稱作「敦煌菩薩」。敦煌石窟中，幾乎窟窟都有説法圖、經變畫，這些圖和畫中都繪有各式各樣的菩薩，是世界上保存菩薩畫像最多的佛教石窟。

反彈琵琶圖

集中國、印度、伊斯蘭、希臘文化於一身，是「中古時代的百科全書」。

手托蓮花的菩薩

佛像

西北 青海

🌐 行政區劃

青海省簡稱青，因境內有中國最大的內陸鹹水湖青海湖而得名。青海是一個多民族聚居、資源豐富的地區，也是中國五大牧區之一。青海位於中國西北、青藏高原東北部，是長江、黃河的發源地。地處東經89°35`～103°04`、北緯31°39`～39°19`之間。自東北按逆時針方向，依次與甘肅、新疆、西藏、四川4省（區）毗鄰。青海是中國地廣人稀的多民族聚居省，有漢、藏、回、土、撒拉等38個民族。面積72萬多平方公里，國土面積居中國第四位。轄2個地級市，6個自治州，5個市轄區，3個縣級市，28個縣，7個自治縣。省會西寧。

西寧市

西寧市為青海省會，是全省的政治、經濟、文化、科技、交通中心和主要的工業基地。西寧位於省境東部，湟水中游河谷盆地。面積7607平方公里，人口231.08萬，以漢族為多，有回、土、藏族等35個少數民族，其中回族占16.26%，土族占2.6%。西寧的礦藏有煤、石英石、石灰石、石膏等。工業以化工、冶金、建材、紡織、機械為主導。西寧的工廠企業主要分布在東、西、南、北川。境內有青海鋁廠、大通礦務局、橋頭火力發電廠、西寧鋼廠以及毛紡廠、棉紡廠等大型企業。農業以小麥、馬鈴薯、蠶豆、油菜、蔬菜種植為

主。牧業以飼養牛、羊為主，「西寧毛」馳名中外。在交通方面，蘭（州）青（海）、青藏鐵路、公路過境，西（寧）大（通）鐵路和西（寧）張（掖）公路穿境，西寧機場可供大型客機起降，已開通多條航線。境內有省級文物保護單位27處，其中有馬家窯卡約文化遺址、馬場齊家文化遺址、辛店文化遺址和南涼王修建的虎台遺址等13處。市區內還有始建於明代的東關清真大寺，是中國西北四大清真寺之一，具有中國古代宮殿式建築風貌。

格爾木市

格爾木原稱噶爾穆，是蒙古語「河流眾多」之意。

「輪子秋」最早是土族人在打麥場上將大板車　轆立起來，站人旋轉的一種自娛活動。如今，「輪子秋」的「輪子」，早由過去粗糙簡陋的木車輪，演變為做工精巧、運轉自如、裝飾豔麗的表演道具。「輪子秋」的表演頗具特色，輪子旋轉時緩如行雲流水，疾如風馳電掣，伴之以姑娘的裙帶飄舞，飛影矯健。

格爾木市為青海海西蒙古族藏族自治州轄市，也是國家的鉀肥生產基地和省鹽化、石化工業基地。它位於州境南部，西接新疆，南與西藏毗鄰。面積12.45萬平方公里，人口21.52萬，居民以漢族居多，藏族占總人口數的4.2%。格爾木市屬高原大陸性氣候，氣候乾燥、寒冷、多風。青西鐵路、公路，青新公路、敦格公路縱橫交會，格爾木市已成為南通西藏、北達河西走廊、西去新疆、東至西寧的交通樞紐。格爾木機場有航線可通航至西藏、西安、西寧。市內有「萬丈鹽橋」、「江河冰川」、「海市蜃樓」等自然景觀，尤其是萬丈鹽橋全長32公里，路基、路石均為鹽土，世所罕見。

👤 人口、民族

青海省為多民族聚居省，人口為588.7萬（2015）。全省人口密度低，平均每平方公里僅為7.8人左右，而且人口的地區分布極不平衡，以西寧市和東部農業區人口較為密集，平均人口密度每平方公里為128.1人。牧區6州土地面積雖占全省的90%以上，但平均人口密度每平方公里僅有2.5人左右。青海的少數民族較多，主要有藏族、回族、土族、撒拉族、滿族等。少數民族多從事以遊牧為主的畜牧業生產，兼營飼養業。

撒拉族

撒拉族主要聚居在青海省循化撒拉族自治縣、化隆回族自治縣甘都鄉和甘肅省積石山保安族東鄉族撒拉族自治縣，有人口10.7萬（2015）。撒拉族自稱「撒拉爾」。「撒喇族」、「撒拉回」等是其自稱的不同音譯簡稱。撒拉族是元代經新疆遷入循化一帶的中亞撒馬罕人與周圍的藏、回、漢、蒙古等族長期相處、互相融合，逐漸發展而成的。撒拉族有自己的語言，撒拉語屬阿勒泰語系突厥語族西匈語支；無本民族文字。居住在地處黃河沿岸循化地區的撒拉族，主要從事農業生產，種植小麥、青稞、蕎麥、馬鈴薯等農作物。

土族

土族主要聚居在青海省互助土族自治縣和民和、大通、同仁等地，還有一部分居住於甘肅省天祝藏族自治縣，有人口20.44萬（2015）。土族有自己的語言，屬阿勒泰語系蒙古語族。過去，各地土族有多種自稱，新中國成立後，依本民族意願，統一稱為土族。其族源在過去地方志書中有幾種推斷性說法：①主要是鮮卑支系吐谷渾人後裔；②主要是沙陀突厥後裔；③主要是蒙古族後裔。此外，還有源於陰山白韃靼說和源於元代蒙古駐軍與當地霍爾人融合而成說等。土族主要從事畜牧業和農業，尤其精於養牛。

🏛 歷史文化

青海省具有悠久的歷史，是個多民族聚居的地方，早在遠古時代，就有人類在此繁衍生息。在舊石器時代晚期，青海高原上就有了古代人類活動的足跡。到新石器時代晚期，古代居民在這片土地上創造了輝煌燦爛的彩陶文化。大通縣上孫家寨出土了大量的新石器時期舞蹈紋彩陶盆，內壁繪有3組5人連臂舞蹈圖。樂都縣高廟發掘的氏族公墓群，出土了大量繪製生動、圖案豐富的彩陶器。世代居住在青海的各族人民，在長期的生產勞動和社會生活中，創造了光輝燦爛的文化藝術。隨著歷史的變遷和時代的更替，青海省各民族間的相互交融不斷深入，具有濃郁民族特色、豐富多彩的青海高原文化逐漸形成。青海一向被人們稱為「歌的海洋，舞的王國」。

柳灣彩陶與原始文化

彩陶文化是青海原始文化的代表之一，以樂都柳灣出土的彩陶數量居多。1974年，考古專家在青海樂都縣東17公里的柳灣，發現了埋藏在深土中的新石器時代的彩陶和墓地。墓中隨葬的陶器彩陶所占的比例較大，而且彩陶的花紋多種多樣，最有代表性的花紋是左右連作的大圓圈紋和不同姿態的簡筆蛙紋。出土文物有馬家

格爾木市火車站。

瑪尼佛教經文的石塊，大小不等，上刻「唵、嘛、呢、叭、咪、吽」六字真言。佛教認為，六字真言是一切佛經的根本，常念不輟，方能獲得真悟。這從側面反映了佛教文化對黃河上游各民族人民思想的影響深遠。藏族群眾絡繹不絕地來到這裡焚香膜拜，瑪尼石上到處是他們敬塗的酥油、掛起的經布彩綢。

窯文化的半山類型、馬廠類型，也有齊家文化和辛店文化，其中以與馬廠類型的數量居多。在出土的彩陶中尤以「陰陽合體壺」最為引人注目。它反映了人類文明史上由女性崇拜走向男性崇拜的過渡階段—男女性同時崇拜。眾多精品彩陶中，讓人看到了原始文化的一個側面。

宗喀巴及其創立的黃教

宗喀巴（1357～1419）是雪域偉大的導師，藏傳佛教善規派開創者，享譽世界的佛學家、哲學家、思想家和宗教改革家。他原名羅卜藏仔華，是今青海湟中縣魯沙爾一帶宗喀部落羅本格娃之子，7歲入峽峻寺念經，17歲到拉薩求經。在藏衛各地訪師問道20餘年。他對原先各派重視口傳「密宗」、不習「顯宗」、不重視戒律、生活腐化等情況感到不滿，立志要改革喇嘛教，並得到大封建主的支持。他主張先「顯」後「密」，嚴格戒律，禁止喇嘛娶妻，形成一個新的教派，即格魯派。因該派多戴黃帽，又稱黃教。他的主張得到了明王朝的欣賞。黃教勢力逐漸擴大，並修建了一些寺院。黃教實行靈童轉世制度。16世紀蒙古俺答汗率部進入青海，在青海湖西修建仰華寺。「達賴」為蒙語，意為「大海」，這是「達賴喇嘛」名號的開始。在俺答汗的大力支持下，青海的蒙古族、藏族廣泛地信奉了黃教。

瑪尼石城

在青藏高原上，到處可見到大大小小的、刻有藏文六字真言和藏文佛經的石塊，那就是瑪尼石。尤其是在「拉則」等地方保護神尊奉處，人們將這些瑪尼石堆集在一起，形成了獨特的石書。在青海南部玉樹結古鎮東邊不遠處的新寨村，從

「門巷」走進「城」中，只見除了幾條人行道外，全是瑪尼石堆，而且堆得非常整齊，經文佛像一律朝人行道。石頭上刻的字體五花八門，顯然出自千千萬萬不同信徒的手。一般刻的大多是六字真言。來自不同地方的佛教徒不僅口頭念，還用刀刻在石上，送到瑪尼堆，算是完成了一件公德。無數瑪尼石擺在一邊，就成了一堵石經長城。這是一座算得上世界紀錄的瑪尼石城，面積足有三個足球場大，大約共有25億塊石經，而鑿刻堆疊成這座城用了200年時間。新寨的瑪尼石城是藏族宗教、民俗的精華。

⛰ 地貌

青海省地處青藏高原東北部，深居內陸腹地，面積廣大，地形複雜，地勢高聳，高度差距懸殊，全省平均海拔在3000公尺以上。青海的地形是山多峰高，地勢由西向東、由南向北逐漸降低。崑崙山橫貫全省，最高點為崑崙山主峰布喀達阪峰，海拔6860公尺，最低點則為東部民和縣下川口湟水出境處，海拔1650公尺。省境北部為祁連山─阿爾金山山地。阿爾金山脈位於當金山口以西，由一系列山嶺與谷地組成，是柴達木盆地和塔里木盆地的界山。祁連山地位於甘、青交界處，由數列呈北西─南東走向的平行山嶺和谷地組成，山地西段和中段地勢高峻，許多山峰均在現代雪線海拔4000公尺以上。

柴達木盆地

柴達木盆地是中國三大內陸盆地之一，屬封閉性的巨大斷陷盆地。柴達木盆地位於青海省西北部，四周被崑崙山脈、祁連山脈與阿爾金山脈所環抱，盆地基底為前寒武紀結晶變質岩系。柴達木盆地屬高原大陸性氣候，以乾旱為主要特點，盆地內的自然景觀為乾旱荒漠，主要土類為鹽化荒漠土和石膏荒漠土，盆地內部的草

藏區在戶外最常見的石刻藝術就是瑪尼石。有趣的是，不同地方的瑪尼石被堆放的形狀和雕刻手法也各有特徵。青海省內的玉樹、班瑪、澤庫等地的瑪尼堆規模都很大，堆砌得像一堵牆。

柴達木盆地屬於狂風盛行的沙漠地域，在春秋兩個雨季盛行大風，風行至此，由於受到西部崑崙山脈的阻擋，就在這裡改變風向，同時風速也降了下來，於是在這塊帶狀地域沉積了很多的卵石和沙粒。所以整個柴達木盆地，是一片沙漠景象。

甸土、沼澤土一般都有鹽漬化現象。植被稀疏，種類單純，以具有高度抗旱能力的灌木、半灌木和草本為主，鹽生植物較多。柴達木盆地動物區具有蒙新區向青藏區過渡的特徵。野生動物主要有野駱駝、野驢、野犛牛、黃羊、青羊、旱獺、狼、馬熊、獐、狐、獾等。素有「聚寶盆」之稱的柴達木盆地，現已探明礦點200餘處，計50餘種，其中鹽、石油、鉛鋅和硼砂儲量尤為豐富，食鹽總儲量達600億

噸左右。盆地內儲油構造廣布，西部有重要的油氣聚集帶。此外，盆地中的錫鐵山鉛鋅礦是中國目前已知第二大鉛鋅礦。盆地內的交通事業也迅速發展起來，青藏鐵路已通車至多個市縣，公路網也已形成。

可可西里山

可可西里山橫貫西藏自治區東北部與青海省中部，西起木孜塔格峰之南，東止楚瑪爾河與沱

河間的青藏公路以西，呈東西走向，是崑崙山系南側支脈。蒙古語意為「青（或綠）色的山梁」。長江北源楚瑪爾河就發源於可可西里腹地的可可西里山。可可西里山東接巴顏喀喇山，二者同為中國三疊系分布最廣、發育最好的地區。山體長300餘公里，寬20公里～30公里，山地平均海拔5000公尺～6000公尺，地貌表現為寬淺底山，山坡平緩，相對高度500公尺～700公尺，最高峰崗扎

日東峰海拔6305公尺。山勢一般平緩，山體中多年凍土廣布，而且高處有永久性積雪冰川。海拔5600公尺山地夷平面上，發育有零星的平頂冰川，青新交界處的山峰彙集有眾多冰川，最大冰川面積1000平方公里，為道天河支流楚瑪爾河發源地。可可西里山年均氣溫低於－8℃，年降水量100毫米左右，屬高寒荒漠氣候。可可西里山因位於青藏高原腹地，遠離海洋，是長江流域降水最少的區域，也是典型的高山寒漠帶，山地植物稀少，種類貧乏，但有成群的野犛牛、野驢、石羊、長角羊等蹄生動物出沒。

巴顏喀喇山

巴顏喀喇山藏語叫「職權瑪尼木占木松」，即祖山的意思。它位於青海中部偏南，為崑崙山脈南支，西接可可西里山，東連岷山和邛崍山，是長江與黃河源流區的分水嶺，北麓的約古宗列渠是黃河源頭所在，南麓是長江北源所在。在地質構造上有分布廣泛的三疊系地層，同為海西運動時的隆起山。巴顏喀喇山海拔5000公尺～6000公尺，北坡平緩，南坡幽深，多峽谷。山區地勢高，氣候寒冷，屬高寒荒漠草原，人煙稀少，只有藏人在此從事畜牧。山間谷地上，犛牛、綿羊遠近成群。向陽的緩坡上分布著一塊塊草灘，像翠綠的絨毯鋪蓋大地，偶見零星牧包房點綴其間。該山地勢高聳，群山起伏，雄嶺連綿，景象恢弘，山區一年之中竟有八九個月時間飛雪不斷，冬季最低溫度可達－35℃左右，因而許多海拔5000公尺左右的雪山有年久不融的皚皚積雪和終年不化的凍土層。而溫暖季節則比較短暫，一般只有三個多月時間，而且氣溫較低，即使是盛夏季節，最

茶卡鹽湖是柴達木盆地內的著名鹽湖。鹽湖中閃爍著銀色光澤的結晶體和潔白如玉的鹽鏡乳、鹽花，千姿百態，是極為獨特的大自然奇觀。

可可西里位於青藏高原西北部，夾在唐古喇山和崑崙山之間，是中國最後一塊保留著原始狀態的自然之地。這裡氣候惡劣，卻是野犛牛、藏羚羊、野驢、白唇鹿等野生動物的天堂。上圖為生活在可可西里的野驢群。

高氣溫也不過10℃左右。巴顏喀喇山雖地勢高寒，氣候複雜，但雨量充沛，而且存在深厚的永久凍土，排水不暢；多濕生植物占優勢的沼澤草甸，是青海南部重要的草原牧場。這裡還盛產被人們稱之為「高原之舟」的犛牛和舉世聞名的藏系綿羊，故有「犛牛的故鄉」之稱。

各拉丹冬峰

唐古喇山地處青藏高原中部，東西橫亙600公里，平均海拔5400公尺，海拔6000公尺以上的高峰多達40座。其主峰各拉丹冬雪山群，南北長達50公里，東西寬約20公里，冰雪覆蓋670平方公里，周圍分布著40餘條現代冰川，僅峰群西側朵恰迪如崗峰四周就孕育著19條冰川，總面積達150多平方公里。眾多的冰川融水匯成

溪流，匯合在沼澤地帶中，形成星羅棋布的湖泊。這些湖泊和沼澤就是世界第三大川—長江的生命之源。各拉丹冬在唐古喇山中段，青海省西南部青藏邊境，位於東經91°，北緯33.5°，海拔6621公尺，在其周圍還有20多座海拔6000公尺以上高峰。各拉丹冬地區地質構造異常複雜，冰川活動頻繁，切割破碎。因而，山體山線

破碎，地形條件惡劣。這裡的氣候乾燥，年降水量僅200毫米，但在5000公尺以上高處卻存在著強大的局部環流，使降水量高出山下幾百毫米，常常雪、雹鋪天覆地，極利於冰川發育。山區年平均氣溫為－5℃，其中6月～8月最高，達20℃，最低在1月，氣溫－18℃，海拔5000公尺以上山區常年低溫，最冷時達－30℃以下。

各拉丹冬峰以南廣布大型的冰帽。在6000公尺以上的20餘座山峰中，冰雪覆蓋面積近600平方公里，大小現代冰川合計105條。

🐻 水系

　　青海水系大致以祁連山（東段）—日月山—巴顏喀喇山—唐古喇山為界，可分為東南外流區和西北內流區（約占全省面積2/3），分屬黃河、長江、瀾滄江和內陸河四大水系。全省流量在每秒0.5立方公尺以上的河流（包括幹支流）217條。青海外流水系主要是黃河、長江和瀾滄江上游及其支流。內流區較大河流有黑河、北大河、柴達木河、那稜郭勒河等。此外，青海省境內湖泊眾多，淡水湖、鹹水湖和鹽湖兼有，湖泊水面大於1平方公里以上的共計有262個，面積達1.29萬平方公里，占全省總面積的1.8%。其中淡水湖148個，面積0.26萬平方公里。

沱沱河

　　沱沱河是長江正源，位於青海省西南部，源出唐古喇山脈的各拉丹冬雪山西南側。各拉丹東雪山四周有龐大的雪山群，南北長約50餘公里，東西寬20餘公里，積雪面積達600平方公里。雪山上有多條冰川，沿山谷向下移動形成冰舌。雪山和冰川是儲量豐富的水源。

沱沱河的最上源有東西兩支，東支發源於各拉丹冬雪山群西南側的姜根迪如雪山下的冰川；西支源於尕恰迪如崗雪山的西側。兩河受冰川融水補給，成為長江的最初水源。東西兩支匯合後稱納欣曲，下行24公里與右岸的切美曲匯合後才稱沱沱河。沱沱河由南而北出唐古喇山，至切蘇美曲口後，北流穿過祖爾肯烏拉山，接納

江塔曲，折向東，至囊極巴隴附近匯入當曲，進入通天河段。沱沱河與通天河上段河道寬展，多沙洲，水流散亂呈辮狀，河流兩岸山丘平緩，高原面保存完整，自切蘇美曲口至登艾龍曲口，長805公里。其間較大支流有當曲、莫曲、楚瑪爾河等。

瀾滄江

瀾滄江發源於青藏高原，有兩個源頭，東源扎曲，西源昂曲，扎曲為正源，二源都出自唐古喇山，至昌都匯流後稱瀾滄江。瀾滄江河床落差較大，江水洶湧湍急，水能蘊藏量近3000萬千瓦。幹流流經西藏自治區東部、雲南省西部，於西雙版納傣族自治州景洪市南出國境，

沱沱河晚霞。

改稱湄公河。瀾滄江的支流眾多，較大的有吔江、漾濞江、威遠江、補遠江等。瀾滄江的上中游河道從青藏高原穿行在橫斷山脈間，河流深切，形成兩岸高山對峙、坡陡險峻的V形峽谷。下游沿河多河谷平壩。瀾滄江暗礁密布，波濤洶湧，航行困難。1949年後，西雙版納地區境內的河道開闢成可通行機動船的航道。瀾滄江以雨水補給為主，並有地下水和高山冰雪融水補給。

瀾滄江流經中國、緬甸、老撾、泰國、柬埔寨和越南六國，被譽為「東方的多瑙河」。

☁ 氣候

青海省地處高原，深居內陸，遠離海洋，終年受大陸性氣流及青藏高原氣團影響，形成寒冷而乾燥的氣候。全省年均溫為$-5.0℃$～$8.6℃$，氣溫年較差小，日較差大，積溫低。冬季寒冷而漫長，夏季涼爽而短促。青海氣溫和降水地區差別大，垂直變化顯著。東部黃河和湟水谷地年均溫$3℃$～$9℃$，降水主要集中於6月～9月，可滿足一年一熟的需要，是全省開發最早的主要農業區和商品糧基地。柴達木盆地年均溫$2℃$～$5℃$，日照長達3000小時，盆地北部和南部邊緣為新墾區和小麥高產區。青海高原和祁連山地海拔高，氣溫低，不宜農耕；但降水多，草原面積大，為省內主要牧區。

🌳 自然資源

青海省地形、氣候、土壤等自然條件的地區差異和垂直差異均甚顯著；自然資源豐富多樣，境內鹽類、有色金屬、石油等礦產資源和水力資源均相當豐富。在柴達木盆地諸鹽湖中富集著巨量的鈉、鉀、鋰、鎂、硼、溴、礦等鹽類，其儲量之大、品質之高均居全國首位；省內還有中國儲量最大的大型長纖維石棉床之一──茫涯石棉礦。青海植被類型以高寒灌叢、高寒草甸及高寒草原為主，其次為荒漠和山地草原，而森林植被則較少。珍稀動物有野駱駝、野犛牛、野驢、藏羚羊、鬣羚、雪豹、白唇鹿、黑頸鶴、斑頭雁、天鵝等，還有梅花鹿、水獺、猞猁、血雉、雪雞等野生獸禽數百種。

察爾汗鹽湖

察爾汗鹽湖是中國最大鹽湖，號稱「鹽湖之王」，位於青海柴達木盆地南部格爾木市與都蘭縣境內，包括東達布遜湖與南北霍魯遜湖在內，面積約5800平方公里。鹽湖大部分上覆堅硬鹽殼。鹽殼以下為鹽層與晶間鹵水，鹽層最厚可達60公尺，儲量600億噸。置身其中，恍若走進童話般的「鹽的世界」。晶間鹵水屬氯化物型，有豐富的鉀鎂光鹵石伴生，是中國最大的鉀鎂鹽液體礦床。敦（煌）格（爾木）公路橫跨鹽湖一段，長約32公里，係用鹽鋪造，號稱「萬丈鹽橋」。青藏鐵路第一期工程也約有32公里長的路基築在鹽湖上，為世界鐵路建築史上所罕見。

紫羅蘭報春。

羚牛雖然喜歡隱蔽，但有時見到人既不逃，也不發怒，而是好奇地瞧著你。

紫羅蘭報春

　　紫羅蘭報春是報春花科植物，多年生草本，具粗短的根狀莖和肉質長根。葉呈披針形、長圓狀披針形或倒披針形，葉柄具闊翅。花葶高8公分～20公分，傘形花序1輪，花8朵～18朵，花冠藍紫色至近白色。紫羅蘭報春主要分布於青海、甘肅、四川，生長於海拔3300公尺～4100公尺處的灌木林下、濕草地上和潮濕的石縫中。

羚牛

　　羚牛別名扭角羚、牛羚、野牛，是中國西部特產的珍稀動物，分布在青海、西藏、雲南、四川、陝西、甘肅等地，生活在海拔2000公尺～4000公尺高山森林或草甸上。西藏和雲南西部的羚牛毛色深褐；青海、四川的羚牛體毛大部呈橙色，臉部和身體後部黑灰色；秦嶺的羚牛則呈淡棕黃色，略帶金色光澤，有「金毛羚牛」之稱。羚牛群居於高山上，一群少則十幾頭，多則上百頭，由雌獸、幼獸和未成年獸組成。平時成年雄獸喜歡過孤獨生活，故有「獨牛」之稱。羚牛沒有什麼天敵，牠憑藉強壯的軀體和強大力氣，可隨時趕走前來爭食的

到茶卡鹽湖既可觀賞鹽湖風光，又可參觀機械化採鹽作業。

毛冠鹿、麝、鬣羚和其他有蹄動物。

雪豹

雪豹屬貓科,是高原地區的一種岩棲動物。中國雪豹主要產於青海、西藏、新疆、甘肅、四川等地的高山上,為國家一級保護動物。雪豹體形似豹,個頭略小於豹,渾身灰白或乳白色。因全身布滿不規則斑點和環紋,頗像植物葉子,故又有「艾葉豹」之稱。雪豹常棲居在海拔2500公尺～5000公尺處,習慣活動在斷岩峭壁之間,夜晚出外覓食,在黃昏或黎明時候最為活躍。雪豹生性兇猛異常,行動敏捷機警,四肢矯健,動作非常靈活,善於跳躍,在高山上堪稱一霸。牠捕獵的方法主要有兩種:一種是借助於隱蔽物,慢慢接近獵物,到足

白鵜鶘曾經是中國西北地方常見的鳥類,但近年來野外數量已經十分稀少。

夠近時便會突然躍身襲擊;另一種是打「埋伏戰」,一般雪豹在岩石、小路旁等待動物走過,當獵物離埋伏處只有數十公尺時,牠便突然躍起,撲向獵物,抓不到時,一般不再追趕。雪豹生活在寒冷的高山地區,耐寒性極強。

白鵜鶘

白鵜鶘屬鵜鶘科,鵜鶘屬。體長140公分～175公分,體形粗短肥胖,頸部細長。白鵜鶘嘴長而粗直,呈鉛藍色,嘴下有一個橙黃色的皮囊。腳為肉紅色。尾羽為24枚,體羽白色,稍微綴有一些橙色。頭的後部有一束長而狹的懸垂式冠羽。胸部有一束淡黃色的羽毛。翼下的飛羽為黑色。白鵜鶘主要棲息於湖泊、江河、沿海和沼澤地帶。牠們常成群生活,善於飛行,也善於游泳,在地面上還能很好地行走。飛行時頭部向後縮,頸部彎曲靠在背部,腳向後伸。白鵜鶘主要以魚類為食,營巢於蘆葦叢中或樹上。繁殖期為4月～6月;每窩產卵2枚～3枚。在《中國國家重點保護野生動物名錄》中白鵜鶘被列為二級保護動物。白鵜鶘現主要分布在中國青海湖、新疆西部、河南、福建以及歐洲南部、非洲、亞洲中部和南部等地。

雪豹。

經濟

青海省礦產資源豐富，已發現礦產134種，其中鋰、鉀、湖鹽、鎂鹽、雲母等11種居中國第一位。特別是柴達木盆地的鹽類蘊藏量十分豐富，地表鹽化學沉積面積達1.6萬平方公里。全省工業發展迅速，形成以水電、電氣和煤炭開採為主的能源工業、以湖鹽為主的鹽化工業、以有色金屬和石棉為主的採掘業和原材料工業、以農牧產品為主的機械工業等5大工業格局。但是由於青海地處中國內陸，交通運輸發展緩慢，使經濟的發展受到較大的制約。青海的農業生產歷史悠久，現有耕地800多萬畝，主要分布在省境東部、青海湖環湖地區和柴達木盆地。

農業

青海一直都是中國重要牧區之一。其中95%以上的地區為牧區和以牧為主的半農半牧區，天然草場面積約占全省土地總面積的46%。主要分布於青南高原、祁連山地和柴達木盆地。全省種植業以旱作為特色，以糧食作物為主。土地墾殖利用程度低，耕地分布不均，一年僅一熟。青海省所種植的經濟作物較為單一，以油菜居絕對優勢，其他經濟作物有限。

工業

青海境內礦產資源極其豐富，又有黃河上游龍羊峽至積石峽河段豐富的水力資源，以及大量的農畜產品和野生動植物資源等，已初步形成以機器製造、食品和紡織為主，包括輕紡、皮革、造紙、食品、鹽化工、電力、機械、冶金、煤炭、石油、電子、建材、森林採伐和加工等門類比較齊全的現代工業體系。青海已建立起具有自身特色的現代工業，成為工業、農牧業經濟同步發展的省份。

交通

青海地處中國內陸，交通運輸發展緩慢，加之地勢高峻，河流比降大，流速急，無航運之利。陸運以公路運輸占絕對優勢，主要有甘青、青藏、敦格、茶茫、青川、青新、寧張等公路幹線，其中以青藏公路最為重要，成為橫貫全省的大動脈，是內地通往西藏的要道。畜牧業是青海農業的支柱，在廣袤的天然草場上牛羊成群。鐵路有蘭青、青藏兩條幹線。水運現已開闢龍羊峽至沙溝、曲溝、拉干3條航線。民航已有西寧至北京、西安、太原、蘭州。而且還有小型的輸油管道投入使用。

畜牧業是青海農業的支柱，在廣袤的天然草場上牛羊成群。

在柴達木盆地諸鹽湖中富集著巨量的鉀、鈉、鋰、鎂、硼、溴、碘等鹽類礦床，其儲量之大，礦種之多，品質之高，均居中國之冠。

✈ 旅遊地理

青海省由於地處高原，是長江、黃河的發源地。這裡湖泊沼澤眾多，高原湖泊自有其風韻，又是眾多野生動物的棲息地。黃羊、野驢、棕頭鷗、斑頭雁、天鵝不時出沒；雪山和冰川景色壯麗；還有眾多的鹽地，白茫茫一片都是鹽鹼的世界，有時會發現寶石般的鹽晶；高原牧場綠草如茵，牛羊成群；阿尼瑪卿峰等冰封雪鎖，利於開展登山運動，是科學考察、探險或觀光旅遊的好去處。青海盛行喇嘛教，湟中是藏傳佛教格魯派創始人宗喀巴的誕生地，故多有寺廟，且規模宏偉，建築輝煌，形成獨特的宗教藝術，馳名中外。青海的少數民族聚居地還保留著濃郁的民族特色和民俗風情，可考察和體驗藏、土、撒拉等族的傳統和習俗。

塔爾寺

塔爾寺位於青海省湟中縣魯沙爾鎮西南，是中國藏傳佛教格魯派創始人宗喀巴誕生地，也是藏傳佛教格魯派六大寺院之一。塔爾寺全稱袞本繹巴林，意為十萬金身慈氏州。據歷史記載，塔爾寺建於明嘉靖三十九年（1560），占地面積40萬平方公尺，整個寺院依山勢起伏，富麗堂皇。塔爾寺內有大金瓦寺、小金瓦寺、小花寺、大經堂、九間殿、大

塔爾寺內的如意寶塔均由塔基、塔身、塔剎等組成，高16公尺，輪廓渾圓，是最典型的喇嘛塔之一，與內地佛教塔幢特色迥異。

拉浪、如意塔、太平塔、菩提塔、過門塔等大小建築，共1000多個院落，4500多間殿宇，組成一座漢藏藝術風格相結合的建築群。在雕塑、堆繡、壁畫和酥油花等方面，塔爾寺則反映了藏族的獨特風格，達到了很高的藝術水準。

塔爾寺的宗喀巴大師像。　　塔爾寺內景。

塔爾寺內景。

瞿曇寺

青海的古老建築群在歷代戰火中屢遭焚毀，能完整地保留下來的極少，而東都縣的瞿曇寺是保存最完整的明代建築群。瞿曇寺的殿堂建築有幾分似故宮，據說當初就是仿照故宮修建的，所以又有「小故宮」之稱。瞿曇寺的周圍群山圍繞，近處林木蔥蘢，鬱鬱蒼蒼，流水潺潺，鳥語花香；遠處樂都南山終年積雪，寒光逼日。「皎潔凌空似玉山」，「影射長天迷素鶴，光浮淺水失群鷗」便是這裡真實的寫照。在雪嶺翠山的映照下，瞿曇寺顯得更加幽靜壯麗，古香古色。從山門而入，迎面就是高大的金剛殿。穿過金剛殿，即是瞿曇殿和寶光殿；左右兩邊殿堂眾多；依次而進，後邊是最宏偉的隆國殿。從高處看，主要的大殿與山門對齊，建在一條線上。

瞿曇寺石雕。

瞿曇寺壁畫場面宏大，形象生動，線條流暢，是極其珍貴的佛教藝術珍品。

小金瓦寺建於明崇禎四年（1631），原為琉璃瓦頂；清嘉慶七年（1802）改成鎏金銅瓦。殿內有一匹白馬標本，傳說九世班禪曾騎此馬從西藏出發，一日內即趕至塔爾寺。小金瓦寺內供奉有許多護法神像，故又稱護法神殿。

阿尼瑪卿山

阿尼瑪卿山是崑崙山脈東段的一支，「阿尼」藏語是先祖的意思，兼有美麗幸福、博大無畏之意。「瑪卿」意為黃河源頭最大的山。其坡度大多在35°至50°之間，最大可達75°以上。山勢最高部分位於青海瑪沁縣西部，有海拔超過5000公尺以上的高峰18座，發育現代冰川30條。其主峰瑪卿崗日山海拔6282公尺，終年積雪不化，藏族人民尊為神山，常來朝拜。阿尼瑪卿山冰峰雄峙，地形複雜，氣候多變，原始森林豐饒，為青海重要的林區。森林中生活著白唇鹿、雪豹、雪雞、猞猁以及熊、鹿、狐狸等動物，盛產貝母、黨

參、羌活、冬蟲夏草等名貴藥材。其中瑪積雪山於1980年對外開放，供旅遊觀光，讓登山運動健兒大顯身手。

日月山

日月山位於青海湖的東部，略呈西北—東南走向，是青海湖和湟水的分水嶺，山西為遊牧部落，氣候地勢一分為二，故史稱「草原門戶」、「西海屏風」。民諺有「過了日月山，又是一重天」之說。阿勒大灣山與野牛山之間是日月山口，海拔約3470公尺，歷來為內地赴西藏的咽喉要道，青藏公路即通過這裡。山口路邊立一塊碑，上書雄勁有力的「日月山」三個大字；山頂上日亭和月亭古香古色。立於嶺

上俯望那盡收眼底的萬里江山：東邊是河湟谷地，良田漠漠，柳煙濛濛，宛如一幅塞上江南潑墨圖；西邊是廣闊草原，帳篷點點，牛羊成群，恰似一幅「風吹草低見牛羊」的塞外寫意畫。日月山自古是農牧區的分界線。過去的出門人過此山就會有「出塞」的感覺，所以在民間流傳著「過了日月山，兩眼淚不乾」的諺語。

鄂陵湖

鄂陵湖在藏語中意為藍色長湖，在青海省果洛藏族自治州的瑪多縣境內。鄂陵湖與扎陵湖同為黃河上游最大的一對淡水湖，又稱「鄂靈海」，古稱柏海。鄂陵湖西距扎陵湖15公里。黃河

日月山山頂古香古色的日亭和月亭。

鄂陵湖和扎陵湖是黃河源頭的姊妹湖，這對美麗的姊妹湖是名副其實的高原湖，海拔4200多公尺，比青海湖高出1000多公尺。圖為扎陵湖。

切穿兩湖間的巴顏朗瑪山時形成峽谷，峽谷長300餘公尺。鄂陵湖湖面海拔4272公尺，東西寬處約31.6公里，面積610平方公里。平均水深17.6公尺，蓄水量107億立方公尺。湖中產冷水性無鱗魚類，其中以花斑裸鯉、扁咽齒魚、黃河裸鯉、三眼魚等為主。湖心小島候鳥群集，棲息著大雁、棕頸鷗、魚鷗、青麻鴨等多種候鳥，成為青海高原上另一鳥島。湖濱亞高山草甸為青海重要牧場。

扎陵湖

扎陵湖在青海省果洛藏族自治州的瑪多縣和玉樹藏族自治州的曲麻萊縣境內，又稱「查靈海」，藏語意為白色長湖。扎陵湖位於青海高原瑪多縣西部構造的凹地內，居鄂陵湖東側。湖面海拔4294公尺，面積526平方公里，最深處在湖心偏東北一側，蓄水量46億立方公尺。納卡日曲與約古宗列渠（藏名瑪曲）匯成黃河，湖心偏南為黃河主流線。黃河攜帶大量泥沙入湖，風浪泛起時湖面呈灰白色，故有白色長湖之稱。湖中盛產裸鯉，俗稱湟魚。湖西部距黃河入湖處不遠有3個小島，夏季大群候鳥聚居，也稱鳥島。湖濱多為亞高山草甸，為重要牧場。

阿尼瑪卿山。

青海湖

　　青海湖，是一個美麗的內陸湖泊。自古以來，人們就因它的浩瀚、神奇而嚮往，為它的雄偉、秀麗而稱讚，把它譽為青海高原上的一顆燦爛明殊。青海湖，古稱「西海」，又稱「鮮水」或「鮮海」。藏語稱「錯溫波」，意為「藍色的海洋」。由於青海湖一帶早先屬於卑禾羌的牧地，所以又叫「卑禾羌海」，漢代也有人稱它為「仙海」，從北魏起才更名為「青海」。大約在200萬年前，青海湖由於地殼運動形成一個斷陷湖盆，湖盆積水開始主要流入黃河，後因周圍山地升高，阻塞了湖水流出，便形成今日的內陸湖泊。青海湖地處高原的東北部，湖的四周被巍巍高山所環抱，海拔為3260多公尺，它的周長360公里，面積達4583平方公里，是中國最大的內陸湖泊和最大的鹹水湖。湖區有大小河流近30條。在青海湖畔眺望，蒼翠的遠山，合圍環抱；碧澄的湖水，波光瀲灩；蔥綠的草灘，羊群似雲。一望無際的湖面上，碧波連天，雪山倒映，魚群歡躍，萬鳥翱翔。湖東岸有兩個子湖，一名尕海，面積10餘平方公里，係鹹水；一名耳海，面積4平方公里，為淡水。這裡氣候涼爽，即使在烈日炎炎的盛夏，日平均溫度一般都在15℃左右，是理想的避暑勝地。

青海湖鳥島。

青海湖是中國青藏高原上
一顆璀璨的明珠。

青海湖畔。

約有30萬隻鳥類在青海湖繁衍生息。

青海湖是鳥類的天堂。

寧夏

🌐 行政區劃

　　寧夏回族自治區，簡稱寧，因其境為西夏故地而得名。寧夏回族自治區位於中國西北地方東部，黃河上游河套西部，與內蒙古自治區、甘肅省、陝西省毗鄰。地理位置介於東經104°17`～107°40`、北緯35°14`～39°22`之間。全自治區總面積6.6萬多平方公里，轄5個地級市、9個市轄區、2個縣級市、11個縣。自治區首府銀川市。

銀川市

　　銀川市是寧夏回族自治區轄地級市，自治區首府，中國歷史文化名城。它位於自治區境北部，東濱黃河，面積6943平方公里，轄3區2縣1個縣級市。全市人口216.41萬，以漢族居多，有回、蒙古、滿等25個少數民族。夏、商、西周時期銀川為雍州之城，戎、羌諸族遊牧之地，春秋戰國為朐衍等戎族居留地，秦代為北地郡富平縣地。1038年，李元昊在這裡建立大夏國，史稱「西夏」，改稱中興府。元為西夏中興等路、行省治所。1288年，改行省為寧夏府路，寧夏之名肇始於

落日餘暉中的石嘴山市。

此。1929年置寧夏省，省會駐寧夏城。1944年改城為市，定名銀川。銀川地處銀川平原引黃灌區中部，地勢由西南逐漸向東北傾斜，坡地平緩，東近黃河，沃野千里，素稱「塞上江南」。銀川溝渠成網，以惠農、漢延、唐徠、西干四大灌渠為主。銀川屬中溫帶乾旱氣候區。工業以機械、紡織、化工、食品、建材、電子等為主。化學工業在寧夏國民經濟中占重要地位。農作物有小麥、水稻及蔬菜、瓜果等。在交通方面，包蘭鐵路、109國道、110國道南北過境。民航、聯航班機可達北京、上海等大城市。境內有名勝古蹟和旅遊景點10多處，其中國家級風景名勝區西夏王陵氣勢宏大壯觀，有重要的歷史文物價值和人文價值。

回族中年以上的男子多戴白色小帽，穿白襯衫、黑坎肩。

石嘴山市

石嘴山市是寧夏回族自治區轄地級市，位於自治區北端，東鄰黃河，與內蒙古自治區接壤。面積4074平方公里，轄2區1縣。人口78.8萬，以回、漢族為多，有滿、蒙古、壯等24個民族。石嘴山市處中原農耕區與北方牧區的過渡地帶及交通要衝，屬溫帶大陸性乾旱氣候。煤炭資源豐富，煤種多，有塞上「煤都」之稱。工業主要有電力、冶金、機械、陶瓷、鋼材、化工、建材、食品加工等。農業主產稻穀、小麥、玉米等，兼產油料、甜菜、紅黑瓜子等。近年來，交通有了一定程度的發展，包（頭）蘭（州）鐵路貫穿南北，並有平汝支線109國道、110國道穿境。黃河流經市境144公里，可通航。市區內景觀融江南秀麗和塞外豪放於一體。

👤 人口、民族

寧夏回族自治區是中國人口較少，而少數民族比較集中的省區之一。全自治區人口632萬人（2010）。自治區人口地區分布差異很大。民族以回、漢為主，分布遍及全區各地。回族人口占總人口的33.95%以上，漢族占65.45%左右。此外，還有滿、蒙古、東鄉等20多個少數民族。自元代始，寧夏即成為中國回族的主要聚居地區。在蒙古族平定西夏後，大批中亞各族人、波斯人、阿拉伯人遷徙來寧夏屯戍，成為寧夏境內回民的主要來源，他們多信奉伊斯蘭教。目前全自治區回族人口約占全國回族總數的20%，主要集中分布於自治區內的同心、海原、西吉、固原和吳忠等市縣。

回族

回族在中國絕大多數縣、市都有分布，尤其是在寧夏、甘肅、青海、新疆、雲南、河南、河北、山東、安徽等省、自治區人數較多，並有大小不等的聚居區，有人口1058.6萬（2014）。其先民在唐宋時被稱為「蕃客」，元明以來稱「回回」。回族以善於經營著稱，珠寶玉石、運輸業、牛羊屠宰和加工業，都是他們的傳統行業。各地回族農戶多附帶經營牧業或者運輸業、手工業、小商業。回族通用漢語、漢文。在文化上曾受阿拉伯、波斯等西亞傳統文化的影響，信仰伊斯蘭教，習慣在住地修建「禮拜寺」，多圍寺而居。禮拜寺漸漸統稱為清真寺。回民在自治區內主要從事農牧業，還擅長手工業生產和商業服務業。

🏛 歷史文化

寧夏境內的靈武水洞溝遺址證明，在3萬年前的舊石器時代寧夏就有人類活動。春秋戰國時期，羌、戎和匈奴等民族在此繁衍生息。漢武帝元狩年間大批移民來此，大規模開發引黃灌區，使黃河沿岸平原逐步成為穀稼殷積的綠洲。到南北朝末期，這裡已有「塞北江南」之譽。11世紀初，党項族以寧夏為中心，建立大夏國（史稱西夏），與宋、遼、金鼎立190年之久，創造了燦爛的西夏文化。

水洞溝遺址

在寧夏靈武市境內長城西南，與長城並行的水洞溝北面有一處斷崖，這就是舉世聞名的寧夏古人類文化發祥地—水洞溝遺址。它向人們生動地展示了距今3萬年前的「寧夏人」的生存場景。考古學家在這裡發掘出大量的打製石器，發現了古

人類用火的痕跡和豐富的古生物化石。水洞溝的石器，是用十分堅硬的矽質灰岩打製而成的。這說明水洞溝人已掌握了比較先進的打製技術。他們製造的石器，器形穩定，左右對稱，特別是有縱背的定葉形尖狀器，在國內同時代的其他遺址中極為罕見。頗具重要意義的是，在水洞溝遺址中，有稍加磨

西夏1227年被蒙古滅後，西夏豐富的文化內涵從此就湮沒無聞。直到19世紀以後，西夏文字與大量西夏文物在黑城遺址中才又被發現。

製穿孔的鴕鳥蛋皮飾物和骨錐等器物，顯示出人類歷史上有著劃時代意義的磨製技術，以處於萌芽階段。

西夏彩繪木板畫。畫中武士圓臉小眼，年輕英俊，是英姿勃發的少年將軍形象。

人面、西夏文字及手印、動物、狩獵等形象和場景是賀蘭山岩畫中的主要內容。

賀蘭山岩畫。

賀蘭山岩畫

　　賀蘭山北自石嘴山口向南的10多個山口中，在岩崖石壁或溝邊的石頭上，發現了數以千計的古代岩畫。主要有300多幅人物、動物和狩獵的圖像。這些岩畫題材廣泛，大到宇宙日月星辰現象；小至牛羊足蹄、人手口腳趾圖形；最多的是類似人頭像和虎、豹、狗、鹿、羊、駱駝等動物圖像；其中還有放牧、打獵形象的岩畫，反映了寧夏地區古代各個時期遊牧民族的實際生活場景，具有濃厚的生活氣息。賀蘭山岩畫多是用石頭、骨、金屬等工具在石頭上或岩壁上磨、刻、鑿成。

畫法粗獷，形象生動。從描繪的內容和刻畫的筆法分析，這些岩畫大部分為春秋戰國前遊牧民族的藝術創作。岩畫造型有繁雜的，也有簡單的，表現了寧夏地區古代各少數民族多姿多彩的生活，顯示了豐富的想像力和非凡的智慧與藝術才能，是研究古代賀蘭山地區遊牧民族歷史、文化、藝術的寶庫。

李元昊

　　李元昊即夏景宗，西夏國君，党項族人。他自幼好學，好佛，通蕃、漢文字和兵法，善繪畫。李元昊為李繼遷之孫、李德明之子，1032年嗣位，改宋所賜姓為嵬名氏。李元昊將興州升為興慶府，廣修宮室，簡化禮儀，創文字，建蕃學。領域拓展為東據黃河，西至玉門，南臨蕭關，北抵大漠。1038年，元昊正式稱帝建西夏國，國號大夏，定都興慶府（今銀川）。因其地處中原宋朝之西，故歷史上稱其為「西夏」。1044年，李元昊與宋訂立和約，同年又在賀蘭山大敗遼軍，最終形成了宋、遼、西夏鼎立的局面。他在位期間整修水利，發展冶金和採鹽手工業。為發展西夏文化，元昊還派人從宋朝搜集大量漢文典籍，翻譯《孝經》、《爾雅》等書。

一百零八塔

在寧夏青銅峽水庫西側的山崖上坐落著一個巨大的塔群，因塔數總計為一百零八座，俗稱一百零八塔。據考證，一百零八塔始建於西夏，具體時間不詳。塔的單個造型與元代的北京妙應塔極為相似。一百零八塔坐西朝東，背山面水，隨山勢鑿石分階而建，由上而下，錯落有序，塔群林立，呈一、三、五、七、九……奇數排列，構成一個等邊三角形的大型塔群，塔群的總體布局別具匠心。

寧夏伊斯蘭教文化

回族是全民信仰伊斯蘭教的民族。早在唐、宋、西夏時期，寧夏就有穆斯林的活動。自元代大批穆斯林定居寧夏後，伊斯蘭教也就成為寧夏地區的主要宗教。明代伊斯蘭教在寧夏有了很大發展，並且開始修建清真寺。清真寺是穆斯林進行宗教活動、料理宗教事務的場所。清真寺的建築藝術是回族伊斯蘭文化的重要組成部分。

清真寺在穆斯林活動中占有重要的地位，隨著回族遷居入寧夏，寧夏逐漸出現了規模宏大的清真寺，而且受到當朝政府的重視。同心韋州大寺，據說是根據明太祖朱元璋親賜之圖所建。修於明嘉靖十年（1531）的寧夏古清真寺在《嘉靖寧夏新志》就有記載。該書卷首附圖，繪有當時銀川城「禮拜寺」的圖址，其面積相當於城內顯赫的貴族宅第「豐林王府」與「真寧王府」之和。

一百零八塔各層形制略有不同，頂塔塔身為覆缽式，2層～4層為八角鼓腹尖錐狀，5層～6層呈葫蘆狀，7層～12層呈寶塔狀。

銀川市的南關清真寺大門兩側建有圓頂式門亭。「邦克樓」和兩側長廊使寺的結構緊湊，渾然一體。

🏔 地貌

　　寧夏地處草原與荒漠、黃土高原與內蒙古高原、外流區與內流區間的過渡地帶，自然條件複雜多樣，區內差異很大。全區地貌格局主要受地質構造控制，新生代北部地塊受擠壓沿北北東方向斷裂發生拉張，銀川盆地強烈斷陷，兩側的賀蘭山地和鄂爾多斯高原相對隆升；南部地塊受擠壓形成六盤山等一系列弧形山地和斷陷盆地。寧夏全區地形以丘陵為主，平原次之。地勢南高北低，最高的賀蘭山與最低的銀川平原，高度差距達2400餘公尺。

賀蘭山

　　賀蘭山是寧夏回族自治區和內蒙古自治區的界山，中國西北地方的重要地理界線。它位於騰格里沙漠東緣，是中國北方草原與荒原的分水嶺。西為阿拉善高原，東為銀川平原和鄂爾多斯高原。賀蘭山呈東北一西南走向，延伸200餘公里，東西寬約20公里～26公里，形成於1億多年前的燕山運動時期；喜馬拉雅運動時繼續升高，為土層很薄的石質山地。中段為山脈主體，山勢巍峨雄偉，峰巒重疊，崖谷險峻，山脊海拔2000公尺～3000公尺，主峰馬蹄坡海拔3556公尺，山勢險峻，屏障於銀川平原之西，從銀川平原望去，山脈宛如奔馳的駿馬，蒙古語的「賀蘭」即駿馬之意。寧夏境內的賀蘭山地有林木1900平方公里，其中喬木林1400平方公里，森林覆蓋率11%，木材蓄積量143萬立方公尺，主要分布於山脈中段。主要土壤類型為山地草甸土、山地灰褐土、山地灰鈣土等。山中有高等植物690種，野生動物177餘種，包括馬鹿、獐、盤羊、金錢豹、兔猻、黑鸛、青羊、石豹、藍馬雞等珍貴動物。1988年賀蘭山自然保護區已被劃為國家級自然保護區，區境面積6100平方公里。賀蘭山在中石炭世至早二疊世及侏羅紀前期，

賀蘭山山勢雄偉、峻峭、峰巒蒼翠，巍峨屹立於西北黃土高原上。蒙古語「賀蘭」即駿馬之意。

海陸不斷交替，形成大量煤層，有煉焦用煤、優質無煙煤等，已建成石嘴山等10座現代化礦井。此外，還有磷灰岩、石英砂岩、灰岩、粘土等礦藏。東麓小滾鐘口一帶所產的粘板岩，質地細密，清雅瑩潤，用它雕刻的賀蘭石硯為寧夏名產。

銀川平原

銀川平原是中國西北地方的重要商品糧基地，位於賀蘭山與鄂爾多斯高原之間，地質構造上為斷陷盆地，經黃河及平原湖沼長期淤積而成。由於地勢平坦，地層深厚，引水方便，利於自流灌溉。銀川平原處於溫帶乾旱地區，日照充足，氣溫日較差大，有利於作物的生長發育和營養物質積累。銀川平原雖乾旱少雨，但黃河過境水豐富，便於引灌。在2000多年前，中原大批移民與當地少數民族一起，利用黃河水開渠灌田經營農業，使這裡成為中國大西北開發最早的灌區，素有「塞上江南」之譽。銀川平原上還有著名的唐徠渠、漢延渠、秦渠、漢渠等古渠。新中國成立以後，又開闢了多條幹渠和支斗渠，尤其是20世紀50年代末建成的青銅峽水利樞紐，

銀川平原位於青銅峽和石嘴山之間，包括山前洪積平原，面積7000餘平方公里，地勢平坦土層深厚，引水方便利於自流灌溉。

使銀川平原灌溉面積擴大為2萬餘平方公里。其中銀南灌排條件較好，農作物以稻麥為主，是寧夏的高產穩產地區。銀北主要作物為小麥、雜糧、甜菜、大豆等，因地面坡降小，地下水位高，土質黏重，排水不暢，土壤鹽漬化較嚴重；但土地廣闊，發展生產的潛力很大。銀川附近湖沼棋布，為寧夏重要的水產基地。賀蘭山山前洪積平原草場遼闊，是寧夏灘羊產區；隨著灌溉面積的擴大，林木、瓜果、枸杞和畜牧業發展迅速。

六盤山

六盤山又稱隴山，是中國最年輕的山脈之一，坐落在寧夏回族自治區南端及寧、甘、陝交界地帶。六盤山界於陝北高原與隴西黃土高原，為渭河與涇水之分水嶺，高峻險峭，六盤古道始通峰頂，故名。六盤山大致呈東南—西北走向，突起於黃土高原，向西北延伸240公里，與月亮山、南華山、西華山及黃家窪山、屈吳山斷續相連。六盤山海拔一般在2500公尺以上，最高峰米缸山海拔2942公尺。東坡陡，西坡緩。喜馬拉雅造山運動時褶皺成山，山體主要由白堊紀葉岩、砂岩構成。山脊平緩，山峰渾圓，山勢巍峨險峻，山路盤旋曲折。黃河水系的涇河、清水河、葫蘆河等發源於其兩側。老龍潭勝蹟位於山之東南隅，為涇水之源。六盤山區中的主要樹種有山楊、樺、遼東櫟、華山松等；林下多箭竹及多種灌木。山中野生動植物豐富，僅藥用植物就有600餘種，脊椎動物約有200種。在寧夏固原、隆德、西吉、海原、涇源五縣交界處，建有六盤山國家重點自然保護區。

銀川平原是賀蘭山與鄂爾多斯高原、黃土高原之間的斷層陷落帶，經黃河沖積、賀蘭山洪積而成。圖為自治區內人進沙退的壯麗景觀。

🌊 水系

寧夏回族自治區是中國水資源最少的省區，水資源總量為10.5億立方公尺。其中天然地表水資源近9億立方公尺，耕地公頃均水量、人均水量均遠低於中國黃河流域平均值。除黃河幹流外，其他主要河流有清水河、苦水河及涇河、葫蘆河的上游等，均屬黃河水系。中衛市境西部和鹽池市境部分屬內流區。

對於寧夏農作物的灌溉，黃河水車發揮著良好的效果。

涇河

涇河是渭河第一大支流，發源於寧夏六盤山東麓，全長455.1公里，河谷較寬，其中平涼一涇川間右岸灘地是涇河最大的川區。涇河流域面積4.5萬平方公里，河流年輸沙量2.8億噸，是渭河來沙量最多的支流。涇河水系呈樹枝狀，右岸來自六盤山、千山的汭河、黑河等支流，含沙量較小；左岸來自黃土丘陵和黃土高原區的洪河、蒲河等支流，含沙量大。20世紀50年代初期設立西峰水土保持試驗站，在南小河溝進行流域綜合治理，為流域水土保持發揮著典範作用。

青銅峽水庫

青銅峽水庫位於黃河上游，以灌溉為主，還兼有發展漁業、發電、工業用水等作用。建成的青銅峽水利樞紐工程是寧夏北部石銀青電網的重要電力生產基地。水電站利用青銅峽峽谷的有利地形建造而成，壩高42.7公尺，總庫容6億餘立方公尺。青銅峽樞紐工程的建成，結束了青銅峽灌區無壩引水的歷史，大大提高了管道供水保證率，擴大了灌溉面積。

涇河源頭之一——老龍潭。

🌧 氣候

寧夏位居內陸，受季風影響較弱，屬溫帶大陸性半濕潤－乾旱氣候，基本特點是乾旱少雨，風大沙多；夏少酷暑，冬寒漫長；日照充足，氣溫年、日較差大。氣溫由南向北遞減，年均溫5℃～9℃，氣溫年較差24℃～33℃，日較差6.8℃～17.2℃，10℃以上活動積溫2000℃～3500℃，無霜期103天～162天，年降水量180毫米～680毫米，由南向北遞減。山地降水增加顯著，如賀蘭山迎風坡年降水量約為山下銀川市的2倍。降水多集中於6月～9月，且年變率大，故乾旱威脅嚴重。

🌳 自然資源

在地質構造上，寧夏處於崑崙山秦嶺地槽褶皺區與中朝準地台的交接地帶，能源礦產和非金屬礦產成礦條件較好。區內煤炭資源豐富，尤以汝箕溝的無煙煤質量堪稱全國之冠。寧夏所產的煤炭大部分銷往外省區。自治區內石油、天然氣也有一定儲量，並已開發。在動植物資源方面，寧夏也占有一定的優勢，境內有多種珍貴生物，並且已設立自然保護區。賀蘭山自然保護區保護乾旱區森林生態系統及青海雲杉、藍馬雞等；六盤山自然保護區保護高原溫帶森林生態系統及金錢豹等珍貴動物；青銅峽自然保護區保護天鵝等水禽及其棲息環境；中衛市的沙坡頭自然保護區保護乾旱沙漠植被等。

駱駝刺

駱駝刺屬豆科，半灌木，高30公分～60公分。總狀花序腋生，花紅色或紫紅色。花期4月～6月，6月上中旬至8月上旬為盛花期，駱駝刺有花內和花外兩種蜜腺，花外蜜腺泌汁凝成糖粒，稱為刺糖。駱駝刺主要產於寧夏、新疆、甘肅，生長於海拔150公尺～1500公尺的沙荒地、鹽漬化低濕地和覆沙戈壁上。

駱駝刺。

藍馬雞

藍馬雞又叫馬雞、角雞、松雞。牠的體羽以迎光生輝的藍灰色為主。頭側緋紅色，尤為鮮豔奪目。耳羽鏃白色，突出在頸項頂上似角狀，灰藍、紅、白三色相映，十分漂亮。中央尾羽特長而且翹起，羽支披散下垂如馬尾，牠的外側尾羽基部白色閃光，向下飛翔時，尾羽時而披散，時而收攏，飛飛停停，美不勝收。藍馬雞主要分布於中國寧夏、青海、甘肅和四川，通常棲息於海拔2100公尺～3700公尺高山地區的茂密雲杉林、橡樹林或檜柏林中。主食植物，也食昆蟲。4月～6月間繁殖，此期間藍馬雞成對生活。牠們將卵產於蔭蔽樹叢

岩羊。

159

下，每窩產卵6枚～12枚。
孵卵期26天～27天。

岩羊

岩羊又叫崖羊、石羊，外貌兼有綿羊和山羊的特徵。岩羊全身青褐色，冬季體毛比夏季長而色淡。岩羊喜群居，主要以青草和灌木枝葉為食。岩羊主要分布在中國的青海、寧夏、甘肅等地區。牠們主要棲息在高山裸岩地帶，體色與裸岩的岩石極其相似，這是牠們自我保護的重要手段。

藍馬雞。

🖐 經濟

寧夏自然條件複雜多樣，地區差異顯著。區內灌溉農業發達，歷史悠久，向來為中國西北重要農業區。畜牧業獨具特色，是國內裘皮羊重要產區，在國際養羊業中占有突出地位。寧夏地下礦產資源較豐富，再加上迅速發展起來的交通運輸，使區內工業得到相當發展，並已先後建成了包括煤炭、電力、冶金、機械、醫藥、化工、建材、紡織、化纖、塑膠、日用矽酸鹽、製糖、電子、儀錶、皮革、造紙、捲煙、食品等行業體系，生產近百種列入國家計畫的重點工業產品，擁有一批列入國家重點的大中型企業。

農業

寧夏農業以種植業為主體，素有「塞上江南魚米之鄉」的美譽。寧夏可利用土地資源豐富，光熱匹配良好，中北部地方有得天獨厚的引黃灌溉系統，土壤肥沃、溝渠成網、開墾歷史悠久，農業生產條件集約化程度均居中國前列，是中國西北地方著名的商品糧基地之一。糧食作物占作物總播種面積的80.1％，以一年一熟的旱作輪作制為主，灌區還有二年三熟、三年五熟的水旱或旱作輪作。畜牧業以養羊業居重要地位，盛產裘皮，尤以灘羊皮與中衛山羊皮最享有盛譽。自治區所產羊毛又是呢絨、地毯的優質原料。自治區已有1/3水面用於漁業生產。境內有鯉魚、鴿子魚等天然魚類27種，

大面積的山林草地，促進了寧夏畜牧業的發展。

引入魚類10餘種。灌區青銅峽、賀蘭、銀川、平羅等地為淡水產業主要產區。

工業

寧夏能源、機械、冶金、化工、建材、輕紡、食品等工業具有一定規模，並有製革、地毯等傳統手工業。目前已形成銀川、石嘴山、青銅峽等工業中心，其工業產值約占自治區工業總產值的70%以上；其中能源工業是寧夏重要的工業部門。賀蘭山礦區是寧夏最大煤炭基地，其中石炭井礦區為西北地方已開發的冶金用焦煤基地。紡織工業有毛紡織、棉紡織印染、合成纖維紡織和針織等部門。目前已有多種產品，如皮毛、枸杞等遠銷國外。

交通

新中國成立以前，寧夏交通閉塞。自包蘭鐵路建成通車後，寧夏已成為華北與西北間的交通樞紐。此外還開闢了通往北京、西安等城市的航空線，形成了以銀川為中心，以包蘭鐵路為骨幹，公路四通八達的交通運輸網。但是自治區內的水運不夠發達，通航里程較短，水運主要運輸煤、糧和建築材料等物資。隨著石油的逐步開採，還發展了一些輸油管道運輸。

寧夏南部山區各縣保土、保水、保肥的「三保田」，糧食平均畝產達到150公斤以上。

寧夏是中國灘羊的中心產區。灘羊主要分布在鹽池、同心一帶。

✈ 旅遊地理

　　寧夏境內有戰國、隋、明長城與宋代的壕塹。党項族曾在寧夏一帶建立西夏政權，興建許多工程，至今仍有不少遺存，如離宮遺址、西夏王陵、承天寺塔、一百零八塔等，其他則有海寶塔、須彌山石窟、銀川南關清真寺等。在自然景觀上，寧夏也不遜色。賀蘭山遠望形若駿馬；小滾鐘口是避暑勝地；六盤山蒼茫逶迤，在此可以追思成吉思汗進軍西夏的往事。黃河邊的古老水車，草原上雪白的羊群，會使人悠悠陶然；而乘羊皮筏黃河漂流，騎駱駝在沙漠跋涉，從鳴沙上滑下等，都會令人激動、振奮不已。

拜寺口雙塔

　　拜寺口雙塔位於賀蘭山東麓的賀蘭縣金山鄉，三面環山的拜寺口東西兩側。這是一對磚砌佛塔，兩塔之間僅隔100餘公尺，建造在山口的向陽坡上。山口東側的塔稱為東塔，是一座正八角形建築。塔基每邊長2.5公尺，共13層，通高45公尺。第1層塔身較高，從第2層開始，簷與簷之間的塔身高度逐步縮小距離，越往上越逐

寧夏太西露天煤礦。

層加密。塔剎的剎座是一座
蓮花瓣向上仰起的蓮花形，
塔剎由幾層相輪組成。每層
塔簷下，各面都有各種獸頭
的浮雕，獸頭怒目相視，齜
牙咧嘴，栩栩如生。塔的南
門內，有一條券道，券道寬
約50公分，高2公尺，直通
入塔室。塔室呈圓形，內
設木板樓梯，可以登上塔頂
層，在塔頂層能夠遠眺「塞
上江南」的大地勝景。

須彌山石窟

　　須彌山為梵文音譯，意
為「寶山」，位於六盤山脈
北端，在寧夏固原市城西北
50公里處，海拔1700多公
尺。這裡層巒疊嶂，岩石嶙
峋，曲徑通幽。北朝、隋、
唐以至宋、明各代，在山
的東麓開鑿石窟100多處，
總稱為「須彌山石窟」。
石窟現有140多個洞窟，
保存完整的有22個，分布
在大佛樓、子孫宮、圓光
寺、相國寺、桃花洞5處，
蜿蜒2000公尺。在各朝的
造像中北周造像最為精美，
隋代的造像風格淳樸，唐
代造像面形豐滿，表情安
詳。最高大的一座釋迦坐
像是唐代大中三年（849）
前雕刻的，高達26公尺。
此外還有宋、西夏、金、明
等各個時代的多處題記、碑
刻，是中國石窟藝術的重要
遺址之一。

在須彌山東麓長約2000公尺、寬約1000公尺的峭壁上，開鑿有大佛樓、子孫宮、圓光寺、相國寺、桃花洞等北朝、隋唐時期的石窟，構成須彌山石窟群。

拜寺口雙塔是古代佛教建築，始建於西夏後期，西塔早於東塔。元代曾重加修飾彩繪。兩塔東西相對，相距近百公尺。

寧夏中衛高廟內景。

中衛高廟

　　中衛高廟始建於明代正統年間，初建規模較小，經歷代增建重修，至清代已成為一處規模較大的古代建築群。中衛高廟是一座三教合一的寺廟。高廟坐北朝南，主要建築是保安寺的山門和大雄寶殿，殿後是高廟的磚雕牌坊、南天門、中樓，最後是高達三層的五嶽、玉皇、聖母殿。這些主要建築都在一條中軸線上，層層相應，步步增高，氣勢雄偉。在主體建築兩側，有鐘樓、鼓樓、文樓、靈宮、地藏等各式配殿。在面積不大的高台上，建有近百間九脊歇山、四角攢尖、十字歇山、將軍盔頂等各種類型的廟宇。在主體建築和輔助建築之間，多用飛橋相連接，布局緊湊。廟內還有「鶴翔鳳鳴」、「麟吐玉書」等許多精美的牆壁磚雕。縱觀全貌，中衛高廟建築群重樓疊閣，亭廊相連，簷牙相啄，翼角高翹，構成了迂迴曲折的內外空間，全面反映出寧夏古建築的風貌。

海寶塔

　　海寶塔又名黑寶塔、赫寶塔、赫連塔，在銀川市北郊寶塔寺內。寶塔寺坐西面東，主要建築有山門（已毀）、接引佛殿、大佛殿、韋陀殿等。海寶塔建於大佛塔和韋陀殿之間，建造年代無考。相傳在5世紀初，大夏國王赫連勃勃重修。全塔由台基、塔座、塔身、塔剎組成，通高53.9公尺。塔基呈方形，邊長19.2公尺，高5.7公尺，正面有台階可上。塔座立於台基中央，寬14.4公尺，高4.2公尺，正中闢券門，內設暗道，可登塔座頂面。塔身建在台座中央，磚砌樓閣式建築，塔樓九層，每層12龕，共108龕，各層四角繫有鐵鐸，遇風作響，悠揚悦耳。登塔遠望，東面黃河似蟒，西面賀蘭山如獅，一派蒼茫闊遠的塞外風光。

小滾鐘口

　　小滾鐘口位於距銀川市區25公里的賀蘭山口。這裡三面環山，山口有一座孤聳的小山峰，恰似一口古鐘中間懸掛的鐘錘，名為鐘鈴山，山口也因此而得名滾鐘口。從西夏起這裡就是有名的遊覽勝地。區內山巒疊翠，岩峻石峭，奇峰林立，怪石奇特多樣，是典型的塞外自然景觀。形似筆架的山峰，高聳於景區南側，巍峨壯麗，雄偉渾厚。山上有「賀蘭廟」、「老君堂」、「關帝廟」、「禹王台」、「晚翠閣」、「望海亭」、「鐘鈴亭」等樓台亭閣，另外還有葉門傳教士建造的清真寺和埋葬他的「拱北」。山口內有筆架山、青羊跳澗等自然景觀。朝暉夕霞，逢「吉時」登峰可觀「賀蘭佛

海寶塔外觀壯麗，線條明朗，稜角突出，層次分明，造型別緻，具有獨特的藝術風格，為中國古塔建築藝術珍品。

光」，堪與「峨眉寶光」爭妍。有時6月盛夏山峰依然白雪蓋頂；晴空下，白雪藍天，一派塞外風光。「賀山

晴雪」是寧夏八景之首。夏日，這裡林木蔥郁，綠草如茵，潺潺清泉，引人入勝。

早在西夏時期，西夏開國皇帝李元昊就把小滾鐘口闢為避暑行宮。在山內主溝盡頭的青羊溜山上，建造有20多座宮殿，至今還可以看到參差錯落的石建築遺址。

西夏文化

党項族是中國古代西北民族─羌族的一支，稱党項羌，共分有8部，以拓跋氏最為強盛。1038年，党項拓跋氏首領元昊稱帝建國，史稱為「西夏」。党項人以姓為部落，尚武而勇猛，同氏族的人團結互助，當受到外族人傷害時，則同仇敵愾，奮起反抗。因此，党項人在抵禦外族的戰爭中，異常頑強兇猛，曾多次打敗遼、宋軍隊，甚至成吉思汗率蒙古鐵騎6次攻打西夏也未竟全功。西夏建國後，党項族的勢力不斷發展，其疆域東盡黃河，西界玉門，南接蕭關，北控大漠。今內蒙古阿拉善戈壁與鄂爾多斯高原及西部的巴彥淖爾、包頭一帶，皆屬西夏所轄。西夏有畜牧業、農業、製鹽業、建築業、手工業和商業。其統治制度為蕃漢分而治之，有蕃官和漢官。國家還制訂有成文法典，實行科舉制度，並且建立了強大的騎兵和步兵。西夏於1037年，仿漢字創制西夏文，並彙編字書12卷，定為「國書」；上至佛經詔令，下至民間書信，均用西夏文書寫。為方便人們學習西夏文，還印行了字典。党項族篤信佛教，因此其佛教文化藝術頗著名。西夏國的範圍是草原、西域和中原地區相互聯繫的多角地帶。因此，中原的漢族文化、北方的草原文化以及西方的文化都對党項族有深刻的影響，形成其獨具特色的文明。

西夏曾與宋、遼鼎足而立，號稱宋代三國。而它的文化卻在一夜間消失了。

西夏文字殘碑

佛教藝術

佛教藝術對中國傳統文化影響深遠，同樣對西夏文化也產生了重要影響。西夏將佛教尊為國教，不僅先後6次向宋朝求賜佛經，更耗費大量財力、人力來翻譯和刊印浩繁的佛教經典。此外，又延請回鶻、吐蕃高僧演繹經文，弘揚佛法；上自皇族，下至百姓，都來聽道。佛教的建築更如雨後春筍，遍布國內。舉世聞名的敦煌莫高窟和榆林窟中，經西夏重修、擴建的石窟便有近百座。佛教在各地有不同的宗派和特色，廣受各地影響的西夏佛教，因而也呈現了佛教多源的現象，並且在西夏的佛教藝術中反映出來。西夏的佛教藝術亦滲入濃厚的藏傳密宗色彩。

仿如漢字的西夏文

西夏的文字是西夏文化的重要標誌，它的出現很大程度上與西夏開國君主元昊的雄心和霸業有關。當時西夏的鄰國如宋、遼、吐蕃和回鶻等都有本族的文字。在雄心萬丈的李元昊眼中，党項人在軍事上能與宋、遼爭一日之長短，文化上自然也不能落後於人；於是便命令通曉漢、藏文字的野利仁榮創造西夏文字，並在1037年頒行。西夏文字雖然是党項族本身獨創的文字，但其中亦有不少受到鄰近的文化影響的痕跡。西夏文共有6000多字，跟漢字有許多相似之處。例如，兩者都是方塊字，基本筆劃也大概相同。但西夏文字比漢字更為繁複，更多撇、捺；文字構造

西夏漢藏兼收的佛教繪畫

多採用漢字「六書」中的會意字和形聲字；文字結構也和漢字一樣，以偏旁、部首組成。難怪最早發現西夏文字的清代學者張澍說：「西夏文字乍看好像都能認識，細看則無一字可識。」

西夏王陵。

新疆

🌐 行政區劃

　　新疆維吾爾自治區簡稱新，位於中國西北部，地處東經73°40`～96°18`、北緯34°25`～48°10`之間。東部、南部與甘肅省、青海省、西藏自治區相鄰，從東北到西南與蒙古、俄羅斯、哈薩克、吉爾吉斯、塔吉克、阿富汗、巴基斯坦、印度等國接壤。面積166.49萬平方公里，占中國土地面積的1/6，是中國面積最大的省區。國界線長5000多公里，約占全國陸地國界線總長的1/4，是中國國界線最長的省區。其中山地面積（包括丘陵和高原）約93萬平方公里，平原面積（包括盆地和山間盆地）約73萬平方公里。全自治區轄4個地級市、5個地區、5個自治州。首府設在烏魯木齊市。

烏魯木齊的城市雕塑。

烏魯木齊市

　　烏魯木齊市是新疆維吾爾自治區轄市，自治區人民政府駐地。烏魯木齊為準噶爾蒙古語，意為「優美的牧場」，位於天山中段北麓，準噶爾盆地南緣，地處亞歐大陸腹地。面積約1.4萬平方公里，轄7區1縣。人口352萬，居民中有漢、維吾爾、回、哈薩克、蒙古等13個民族，其中漢族人口約占總人口的74.91%。唐貞觀二十

自從張騫出使西域後，喀什成為絲綢之路上最活躍的中樞城市，這裡也成為維吾爾族文化的發祥地。這些擺放在攤子上的地毯充滿了濃郁的維族風情。

二年（648），唐朝政府在烏拉泊修築輪台城，後發展成市。烏魯木齊屬中溫帶大陸性半乾旱氣候，主要礦藏有石膏、煤、油葉岩等，素有「煤田上的城市」之稱。烏魯木齊市光、熱、風資源豐富，主要農作物有小麥、水稻、玉米、油菜、大蒜等，同時還有雪蓮、枸杞、貝母等300多種野生植物。轄區內人文自然景觀有南山菊花台、白楊溝、照壁山風景區、烏拉泊古城、八路軍辦事處舊址、毛澤民故居和汗騰格里寺、陝西大寺等。

克拉瑪依市

克拉瑪依市是新疆維吾爾自治區直轄市，位於自治區西北部，面積9252平方公里，轄4個區。全市人口37萬，有漢、維吾爾、哈薩克、回、蒙古等37個民族，其中漢族人口約占全市人口的81.65%。地貌大部分為戈壁灘。獨山子山海拔1283公尺，為境內最高山峰。克拉瑪依市屬大陸性乾旱氣候，乾燥少雨，春秋季多風，冬夏溫差大。市內的主要礦藏有石油、煤、天然瀝青、芒硝、水晶等。工業有石油開採、石油加工和天然氣開採、化工、塑膠、食品加工、建材及非金屬、金屬製造等。主要農作物有棉花、小麥、玉米。

喀什市

喀什市是新疆喀什地區轄市和行署駐地，位於帕米爾高原東北麓，塔克拉瑪干沙漠西緣。全市面積294.21平方公里，是南疆第一大城。有人口58萬，有維吾爾、漢、回、烏孜別克、滿等少數民族，維吾爾約占總人口的80%。元代以來喀什一直是南疆政治、經濟、文化中心和交通樞紐。喀什市有公路通往烏魯木齊、吐魯番（火車站）及南疆主要城市，此外中國至巴基斯坦國際公路還以喀什為起點。市內有民航班機至烏魯木齊市和阿克蘇市。

喀什是中國最西端的城市，也是古絲綢之路上的歷史名城，全稱喀什噶爾，突厥語意為「綠色的琉璃瓦屋」或「玉市」。在這裡孕育了古西域最早的國際市場。圖左為喀什集貿市場上的銅匠。

吐魯番市

吐魯番市位於天山東段柏格達山與庫魯克塔格之間的吐魯番盆地中部。面積67562.91平方公里，人口62.29萬，有維吾爾、漢、回、哈薩克等21個民族。吐魯番歷史上曾為西域政治中心和交通樞紐。在距今2200年前，這裡建有「姑師」國，後稱「車師」，東晉時置高昌郡，唐設西州，宋為吐蕃地，元、明稱吐魯番，吐魯番現為吐魯番地區轄市和行署駐地。吐魯番盆地北高南低，中部地勢低窪。由於日照長，氣溫高，降水量低，蒸發量大，這裡宜種植無核白葡萄、甜瓜等作物，是馳名中外的「葡萄城」。吐魯番的文物古蹟眾多：蘇公塔、阿斯塔那—哈拉和卓古墓群、高昌古城遺址、交河古城遺址及始鑿於南北朝時期的柏孜克里克千佛洞等。著名的遊覽勝地有中國大陸的最低點艾丁湖（海拔低於海平面161公尺）和火焰山等。

👤 人口、民族

新疆是以維吾爾族為主體的多民族聚居地區。這裡地廣人稀，1949年總人口僅有433萬，至2010年底達2181.3萬。隨著境內經濟建設和交通運輸的發展，天山南北人口比例發生顯著變化，南疆沙漠面積大，極度乾旱，交通不便，因而人口密度低於北疆；伊黎河谷和喀什三角洲水、土、熱條件好，因而人口密度較大。自治區內人口較多的民族有維吾爾、漢、哈薩克、回、蒙古、柯爾克孜、錫伯、塔吉克等族，其次有塔塔爾、達斡爾、滿、烏孜別克、藏、俄羅斯及其他民族。

吐魯番境內火焰山下的柏孜克里克千佛洞。

維吾爾族

維吾爾族人口共有1130.33萬（2015），主要分布於新疆，大部分聚居在天山以南。維吾爾族有自己的語言文字，語言屬阿勒泰語系突厥語族，文字是以阿拉伯字母為基礎的拼音字母。他們自稱「維吾爾」，一般認為其先民可追溯至西元前3世紀北方遊牧民族丁零及後來的鐵勒，北魏時的袁紇、馬護，隋時的韋紇，唐時的回紇、回鶻和元、明時的畏兀兒。唐天寶三年（744），回紇以鄂爾渾河流域為中心建立遊牧的封建回紇汗國，與唐朝長期交好。19世紀以來西遷的回鶻人曾先後配合清軍粉碎英國扶植下的張格爾、阿古柏傀儡政權，抗擊俄國對伊犁地區的侵占等。維吾爾族主要從事農業生產，擅長植棉、園藝。

哈薩克族

哈薩克族是中亞和西伯利亞西南地區的土著民族之一，在中國有人口159.12萬（2015），屬蒙古人種西伯利亞類型，在中國主要分布於新疆伊犁哈薩克自治州、木壘哈薩克自治縣、巴里坤哈薩克自治縣和甘肅阿克塞哈薩克自治縣。哈薩克族有自己的語言文字。語言屬阿

新疆伊犁馬以頭頸高昂、四肢強健著稱。在伊犁馬的故鄉，人人都是騎馬好手。這個小小年紀的伊犁少年，已能憑藉自己的騎術和勇氣，輕鬆駕馭這匹比他的身體大出好幾倍的烈馬。

哈薩克族的婚俗別有特色，要經過說親、訂婚、「吉爾提斯」儀式、送彩禮、出嫁、迎親六個階段。婚禮中新郎要為祝賀新娘的到來舉行晚會，盡情歌舞。

柯爾克孜族的民間樂器相當豐富，有吹奏樂器、二弦拉琴、三弦琴等。其中三弦琴是柯爾克孜族特有的彈撥樂器，柯爾克孜男子彈奏三弦琴都是一把好手。

勒泰語系突厥語族；文字是以阿拉伯字母為基礎的拼音文字。「哈薩克」原意為「避難者」或「脫離者」。哈薩克族大部分從事畜牧業，除了少數經營農業的已經定居之外，絕大多數牧民都按季節轉移牧場，過著逐水草而居的遊牧生活。

塔塔爾族

塔塔爾族主要分布在新疆維吾爾自治區的伊寧、塔城、烏魯木齊等地，有人口0.51萬（2015）。塔塔爾族史稱「達怛」、「韃靼」、「達達」，都是不同的譯音名稱。其先民與韃靼有淵源關係。在中國史籍中「塔塔兒」為「韃靼」別稱之一。幾經變遷後成為喀山汗國的主要居民。19世紀該族部分人陸續遷入中國新疆，在當地生息，並逐漸成為中國的一個民族。塔塔爾族有自己的語言文字，語言屬阿勒泰語系突厥語族；文字係以阿拉伯字母為基礎的拼音文字。由於長期與維吾爾、哈薩克族共處，現已通用維吾爾語文和哈薩克語文。塔塔爾族以經商為主，也有少數人從事牧業和農業。

烏孜別克族

烏孜別克族是中亞地區民族之一，屬南西伯利亞人種類型，有人口1.87萬

（2015），主要分布在新疆伊寧、塔城、烏魯木齊等地。烏孜別克族有自己的語言，無本民族文字。烏孜別克族族源可追溯到粟特人、花剌子模人、費爾幹人以及薩哈—馬薩蓋特人等。6世紀後半期，隨著中亞併入突厥汗國，促使大批突厥部落遷入。15世紀時，欽察汗國瓦解，部分居民遷到楚河流域，其餘的則被泛稱為烏孜別克人，逐漸形成民族。16世紀建立布哈拉汗國和希瓦汗國等。中國的烏孜別克族19世紀中葉前至今一直以商業、手工業為主。

柯爾克孜族

　　柯爾克孜族有人口20.22萬（2015），是中亞地區的土著民族之一。主要分布在新疆維吾爾自治區的克孜勒蘇柯爾克孜自治州，少數散居在新疆其他各縣。柯爾克孜族有自己的語言文字。柯爾克孜先民，漢時稱「鬲昆」、「堅昆」，魏晉時稱「紇骨」、「契骨」、隋唐時稱「黠戛斯」，元明時稱「乞兒吉思」、「吉利吉思」，清時稱「布魯特」。

烏孜別克族人民能歌善舞，樂器多為彈撥樂器與打擊樂器。家庭聚會時都會有人來一段獨唱，唱詞內容廣泛，具有濃郁的生活氣息。

7世紀中，唐太宗以其地為堅昆都督府、隸燕然都護府，正式將其納入唐的版圖。10世紀～18世紀，先後處於喀喇汗國（黑汗王朝）、遼、西遼、察合台汗國及其後王統治下。其間，居葉尼塞諸部向西南遷移，融入若干蒙古和哈薩克部落，促進了本民族的形成和發展。柯爾克孜族主要經營牧業，兼營農業和以畜產品加工為主的手工業。

俄羅斯族

中國的俄羅斯族主要散居在新疆維吾爾自治區的伊犁、塔城、阿勒泰和烏魯木齊等地。有人口1.18萬人（2015），「俄羅斯」一詞來源於古代斯拉夫部落名。19世紀～20世紀初曾自稱「大俄羅斯人」。中國的俄羅斯族是18世紀，主要是19世紀以及俄國十月革命前後從俄國遷來的。盛世才統治新疆時期，他們被稱為「歸化族」，聚居的村落也被稱為「歸化村」。中華人民共和國成立後，改稱為俄羅斯族。俄羅斯族有自己的語言文字，語言屬印歐語系斯拉夫語族；文字為俄文。

俄羅斯族人能歌善舞，手風琴是他們的主要樂器。

🏛 歷史文化

新疆古稱西域，意為西部疆域。西元前60年，西漢政府設西域都護府，西域正式併入漢朝版圖，之後歷朝歷代都行使著對西域的有效管理。西域之名也歷經多次變化，明朝時稱新疆地區為別失八里。清統一新疆地區後，乾隆後期改稱新疆，意思是「故土新歸」。新疆自古以來各民族雜居，地域文化豐富多彩，各少數民族雖然宗教信仰、生活方式有諸多不同，但都能歌善舞，被稱為「歌舞之鄉」。高昌古城、交河古城、樓蘭古城等諸多遺址是新疆歷史的最好見證。

高昌古城

高昌古城位於吐魯番市城東約40公里，已有1500餘年歷史，曾是西北地方政治、經濟、文化中心之一，也是絲綢之路上的重鎮。現在的高昌古城總面積約2平方公里，分為外城、內城和宮城三個部分。外城西南角有一座較大的寺廟遺址，保存得相當完整。在它附近，曾發現過綠琉璃瓦殘片和繪有圖案的房屋基石，可見當年的宮室和廟宇的建築已經達到了相當高的水準。

在高昌古城遺址中曾發現過綠琉璃瓦殘片和繪有圖案的房屋基石，可見當年的宮室和廟宇的建築已達到了相當高的水準。

交河古城

在吐魯番市西南面大約10公里的亞爾乃孜溝中，坐落著古代西域三十六國之一的車師前國的國都—交河古城，又稱雅爾湖古城。6世紀時，高昌在這裡建立交河郡城。現在的遺蹟，主要是唐代及其後的建築。交河古城的建築沒有城牆，大部分建築物，包括寬大的街道，都是從原生土中掏挖出來的。古城的房屋都用泥土建造，不用磚石，也極少用木料。城中大街兩旁盡是高厚的圍牆，臨街不見一個門窗，縱橫連接的街巷把建築分割為若干社區，其建築形式頗似唐代內地城市的坊、曲。到元末明初時，由於政治中心轉移，這座城也就荒廢了，但因氣候乾燥少雨，故址又遠離水源，無法開墾耕地，才使城內的建築遺址完好地保存下來。

樓蘭古城

地處新疆若羌縣境內羅布泊以西的樓蘭古城，曾牽動過許多考古學者和探險者的心。古老的樓蘭最終消失在歷史長河後，竟被人遺忘了近2000年。古城曾是漢代通往西域的必經之地，「絲綢之路」的樞紐，在東西文化交流中起過重要作用，後被沙漠湮沒，有「沙漠中的龐貝」之稱。作為中國通往波斯、印度、敍利亞和羅馬帝國的中轉貿易站，當年的樓蘭，駝鈴聲終日不斷，城內商賈如雲。來到樓蘭的人有漢人、匈奴人、烏孫人、大宛人等。4世紀前後，樓蘭國滅亡，人口外遷，樓蘭成為一片廢墟。直到1900年，當地維吾爾族青年為瑞典探險家作嚮導時，在此發現了高大佛塔和密集的廢墟。被風沙湮沒了1600多年的樓蘭古城終於開始被人們關注，有眾多的考古工作者不斷地在這裡作考察。

車師前國的國都——交河古城遺址。

樓蘭古城佛塔。

🗻 地貌

新疆地形輪廓明顯，境內高山環繞，山地與盆地相間。主要山脈南面和西南面有帕米爾高原、喀喇崑崙山、崑崙山和阿爾金山，北面及東北面分別為阿爾泰山和北塔山，中部有天山橫貫，高峰終年積雪，多冰川。喬戈里峰海拔8611公尺，為新疆維吾爾自治區的最高峰。以天山為界將自治區全境分為南疆和北疆，北有準噶爾盆地，南有塔里木盆地。哈密和吐魯番盆地一帶又稱東疆。此外，還有焉耆、拜城等盆地，其中塔里木盆地是中國最大的盆地，塔克拉瑪干沙漠是中國最大、世界第二大的流動沙漠。盆地東側的疏勒河谷，為古代絲綢之路所經之地。盆地內的河流不能外泄，以羅布泊為最後歸宿。

崑崙山脈

崑崙是「高山多重」的意思，崑崙山脈是橫貫中國西部的高大山脈，西起帕米爾高原東部，東到柴達木河上游，全長2500餘公里，平均海拔在5500公尺～6000公尺之間，號稱「亞洲脊柱」。崑崙山脈山勢宏偉峻拔，峰頂終年積雪，屹立在塔里木盆地和青海柴達木盆地的南面。崑崙山北坡瀕臨最乾旱的亞洲大陸中心，屬暖溫帶塔里木荒漠和柴達木荒漠，降水稀少。崑崙山脈西高東低，按地勢可分為西、中、東三段，每段都有幾座海拔在6000公尺以上的山峰。峰頂覆蓋有巨大的冰層，而且山脈隆起面上有許多放射狀排列的斷裂谷，數十條冰川就順著斷裂谷懸拉下來。冰雪融水除部分補給長江和黃河河源外，其餘滋潤西北乾旱區。山地內部河流短小，多彙聚於小型盆地，形成湖泊。

阿爾泰山脈

阿爾泰山脈又名阿爾坦山、阿勒壇山，蒙語為「金山」之意，因此又名金山。阿爾泰山位於新疆準噶爾盆地東北側，是天山北山支脈，也是新疆和蒙古的界山。山勢呈西北－東南走向，蜿蜒約2000公里。山

崑崙山。

體平緩，從山麓到山頂呈階梯狀逐漸上升，平均海拔在3000公尺以上，最高峰友誼峰海拔4374公尺。海拔4000公尺以上的峰嶺全年冰封，山下卻變幻多姿，朝夕有不同美態。阿爾泰山是個天然花壇，無數野花各自榮枯開落，構成一幅幅斑斕絢麗的圖畫。阿爾泰山山體渾圓，山坡廣布冰磧石，U形谷套U形谷，古冰斗成層排列，羊背石、側磧、中磧、終磧等清晰可見。阿爾泰山多夷平面，一般公認有4級，而且地貌垂直分帶明顯，由高而低有現代冰雪作用帶、霜凍作用帶、侵蝕作用帶、乾燥剝蝕作用帶。阿勒泰聳立於亞洲腹部的乾旱荒漠和乾旱半乾旱荒漠地帶，西風環

阿爾泰山山體高大，地形起伏強烈，垂直地帶性相當明顯。自上而下依次是山嶽冰川帶、亞高山草甸帶、中山森林帶、丘陵草原帶和山前沖積平原帶。

流帶來大西洋水汽，給山區帶來降水。阿爾泰山的自然資源豐富多樣，有多種礦藏和優良牧場，尤以森林資源中的優質木材在全疆占有重要地位。

帕米爾高原

「帕米爾」係塔吉克語，「世界屋脊」之意。帕米爾高原位於中國新疆西南部，塔吉克東南部和阿富汗東北部一帶，是地球上幾條巨大山帶的山結，天山、崑崙山、喀喇崑崙山和興都庫什山都交會於此，這裡也是古「絲綢之路」西去中亞的重要通道。高原海拔4000公尺～7700公尺，擁有多座高峰。中國境內的公格爾峰海拔為7719公尺，慕士塔格峰海拔7546公尺。山峰終年積雪，冰川廣布，西北角的菲德欽科冰川，長達71.2公里，是世界上最長的高山冰川之一。山地冰川使一些荒漠河流得到水源。喀拉湖位於帕米爾北部，湖面海拔3954公尺，是世界海拔最高的湖和內陸鹽湖之一。

準噶爾盆地

準噶爾盆地位於天山與阿爾泰山之間，屬半封閉性內陸盆地，面積13.5萬平方公里，其中沙漠約占30%。盆地東有阿爾泰山向東南延伸部分的北塔山、西有塔爾巴哈台山、薩吾爾山、賽米斯台山、加依爾山、瑪依力山、巴爾勒克山等，總稱為準噶爾西部山地。盆地兩側有幾處缺口，西風氣流由缺口進入，為盆地及周圍山地帶來降水。盆地北部的額爾濟斯河流入北冰洋，屬外流河；盆地中南部河流屬內流河。盆地最低點為艾丁湖，海拔低於海平面161公尺。

塔里木盆地

塔里木盆地位於天山與崑崙山系之間，屬全封閉性內陸盆地，塔克拉瑪干沙漠位於盆地中央，面積達53萬平方公里，是中國最大的沙漠，也是世界上著名的大沙漠之一。盆地西側為天山南支，東側為地勢較低、通向河西走廊的疏勒河谷，為古代絲綢之路所經之地。盆地內河流不外泄，以羅布窪地為最後歸宿。盆地中石油、天然氣資源蘊藏量十分豐富，是中國重要的產油區。

準噶爾盆地南帶為天山北麓山前平原，是新疆主要的農業區。

水系

新疆的水文情況具有明顯的乾旱環境特點，河流除額爾濟斯河屬外流河外，其餘均屬內流河。湖泊則以鹹水湖居多，淡水湖較少。雖然境內的河流數量多，但流程短，流量小，多無航運之利。新疆共有大小河流570條，年徑流量約為810億立方公尺。額爾濟斯河發源於阿爾泰山東南，是新疆境內唯一的外流河；塔里木河是中國乾旱地區中最長的內流河，穿流於塔里木盆地北緣；伊黎河穿行於伊黎河谷，是新疆境內水量最大的內流河。羅布泊是新疆的一個重要湖泊，現已乾涸；博斯騰湖是中國最大的內陸淡水湖，艾丁湖則為中國海拔最低的湖泊。此外，還有烏倫古湖、艾比湖、賽里木湖、巴里坤湖及著名的天池。

塔里木河

塔里木河位於新疆維吾爾自治區塔里木盆地的北部，由源於天山的阿克蘇河和發源於崑崙山的和田河及葉爾羌河彙聚而成。塔里木河原以羅布泊為歸宿，後尉犁縣堵壩引水，使塔里木河改道南流，以若羌縣的台特馬湖為終點。1972年以後兩岸利用窪地蓄水，塔里木河終點從台特馬湖退縮到鐵干里克的大西海水庫。河長逐漸縮短。而且從19世紀以來，塔里木河上游支流灌溉區農墾面積在不斷擴大，原流入塔里木河的支流，如喀什噶爾、台蘭、渭干、庫車、迪那、孔雀等河，現均已斷流，使塔里木河的補給來源逐漸減少。為了保證塔里木河的水源，保護塔里木河流域的自然環境已成為南疆開發整治的重要任務。

博斯騰湖

博斯騰湖又名巴喀拉什湖，位於天山山脈南面的焉耆盆地內，是中國最大的內陸淡水湖。湖水的補給主要來自開都河。博斯騰湖的

為了保證塔里木河流域的自然環境，當地政府向塔里木河實施引水工程，使部分將要旱死的胡楊又重新獲得「生命」。

水產資源十分豐富，湖中盛產魚類，品種繁多，是新疆最大的漁業區。蘆葦也是湖區物產，蘆葦塘面積280多平方公里，年產蘆葦20多萬噸，是造紙、編織和建築的優質材料。湖的東南岸連接一個鹽湖，盛產純淨潔白的食鹽。湖畔綠洲和河流兩岸，土地肥美，灌溉便利，農牧業較發達，有「北國江南」的美譽，盛產各種瓜果，如杏、李、西瓜、葡萄等，著名的庫爾勒梨（即瀚海梨）也是這裡的物產。整個湖區風景秀麗，碧波浩淼，坐落在群峰起伏的天山支脈庫魯克山下，有「瀚海明珠」之稱。湖邊茂密的蘆葦葉中，還棲息著各種水鳥。

天鵝湖

在新疆和靜縣尤爾都斯盆地、巴音布魯克草原的中心地帶，是開都河的發源地。尤爾都斯盆地是天山中高位山間盆地，是中、新生代複合型斷陷盆地，包括大、小尤爾都斯盆地。小尤爾都斯盆地東高西低，開都河上游東支從盆地中間流過，大尤爾都斯盆地西北高東南低，開都河上游西支從盆地中間流過。東西支匯合後從盆地東南部切空山地流向焉耆盆地。盆地地勢平緩，河流縱橫，河道兩旁小溪、湧泉無數，形成面積約1000平方公里的天鵝湖。這裡人煙稀少，水草豐茂，食物充足，沿岸蒲草、酸模等植物高大挺拔，築起一道綠色屏障，已成天鵝等候鳥、留鳥和旅鳥生存的理想場所。

艾丁湖

艾丁湖位於新疆吐魯番盆地最低窪處，是中國大陸的最低點。因位於覺洛塔格山下，又稱覺洛浣。浣是指沙子包圍的湖泊。湖面比海平面低154公尺，湖底最低處低於海平面161公尺，是

Travel Smart

羅布泊

羅布泊就是地理概念上的塔里木河尾閭。位於新疆維吾爾自治區塔里木盆地東部羅布窪地上。湖的位置幾經改變，但均在羅布窪地範圍內。傳說中羅布泊在不斷地遊移，事實上，所謂羅布泊遊移，只是塔里木河尾閭位置的變動，湖盆本身並不遊移。在封閉性的內陸盆地平原地區，河流下游經常自然改道，改道後的河流終點形成新湖泊，舊湖泊則逐漸乾涸，成為鹽澤。現今地圖上所標示的羅布泊都已乾涸，但作為塔里木河終點這一地理概念的羅布泊，並未消失。羅布泊最近的地理位置是鐵干里克西邊的大西海水庫，至於羅布泊的未來，只要合理安排塔里木河上下游用水關係，鐵干里克水庫不但能繼續存在，並可能放水給下游的阿拉干和羅布莊。

博斯騰湖東西長50多公里，南北寬25公里，呈扁平碟形，平均儲水量約75億立方公尺。

喀納斯湖與其說是一個湖，倒不如說是一段開闊的河道，它是喀納斯河最寬闊的部分。

世界上僅次於約旦死海的第二低地，湖盆東西長約40公里，南北寬僅8公里，面積約為200平方公里。水源來自柏格達山的河川徑流及火焰山泉水、山前平原地帶的坎兒井水，這些水源均以地下水的形式補給。湖盆的自然環境均為草木不長的鹽漠。

喀納斯湖

喀納斯湖位於新疆最北部的阿勒泰地區的喀納斯河中段，喀納斯，蒙古語意為「美麗富饒、神秘莫測」。海拔1370公尺的喀納斯湖隱匿在重巒疊嶂、萬頃林海之間，屬典型冰磧湖。湖水顏色隨季節和天氣變化而變化，或湛藍，或碧綠……

湖中岩島小巧玲瓏、勁松挺立、滿島蒼翠。湖周天然倒木縱橫，倒木入水後受強勁谷風的運送，在湖泊上堆積成一公里的枯木長堤，為一大奇觀。湖邊為水草豐美的牧場，湖中常有天鵝、野鴨等嬉戲。喀納斯湖集湖光山色、珍禽與原始生態環境於一體，成為一個不可多得的高山遊覽勝地。

塔克拉瑪干沙漠位於塔里木盆地中心，是世界第二大流動沙漠。「塔克拉瑪干」在維吾爾語中的意思是「進去出不來」，又稱「死亡之海」。廣漠的塔克拉瑪干沙漠，有著火一般的顏色；勁風的吹拂，又在沙漠表面留下了無數條波樣的風痕，使它擁有了大海一般的形態。

☁ 氣候

　　新疆地處內陸腹地，高山環繞，氣候以乾冷為特色，降水稀少，蒸發量極大，年溫差、日溫差極大，具有強烈的大陸性氣候，降水和氣溫的地區差異和垂直差異顯著。新疆冬寒夏熱，1月氣溫北疆約−20℃～−15℃，南疆約−10℃～−5℃。7月均溫在22℃～26℃左右，但海拔低、地形封閉的吐魯番盆地氣溫偏高，7月均溫可達32.8℃。全自治區的氣溫分布一般隨緯度增加和海拔上升而降低。天山對寒潮的阻擋作用更加深了氣溫的南北差異。天山以北屬中溫帶，但天山以南則屬暖溫帶。

🌳 自然資源

　　新疆地處亞歐大陸中心地帶，是一塊美麗富饒的寶地，自然資源十分豐富。這裡的礦產資源種類齊全、蘊藏量大，具有巨大的開採潛力，是中國礦產資源比較豐富、礦種配套比較齊全的省區之一。現已探明礦種138種，已探明儲量的礦產117種，其中儲量占全國首位的有8種，特別是石油預測儲量約300多億噸，占全國陸上石油資源量的1/4，天然氣預測儲量8.3萬億立方公尺。煤炭、有色金屬開發潛力很大。新疆在中國的西北部，土地遼闊，氣候條件特殊，不但季節溫差大，而且氣溫日較溫差顯著，區內的動植物有其他地區動植物不具備的適應力，並且有許多珍貴的動植物，如雪蓮、胡楊、兔猻等。

胡楊

　　胡楊林是中亞腹地荒漠中唯一的喬木，它抗熱、抗寒、抗風、抗沙、抗鹼、抗旱、抗瘠，是演化在乾旱地區的一種奇特的森林類型，是最古老最原始的樹種之一。如果地下水源豐富，胡楊便生長旺盛，最高可達30公尺，成為荒漠中罕見的威武雄壯的森林。當地老百姓形容它們是「三千歲」，即「生而一千年不死，死而一千年不倒，倒而一千年不朽」。千百年來，這片胡楊林橫臥在塔克拉瑪干沙漠和庫姆塔格沙漠之間，和塔里木河共同創造了一條橫穿西域、長達千里的綠色長城。它們保護著周邊的生態，緊緊鎖住塔克拉瑪干沙漠侵略的魔掌，為人類在最殘酷的荒漠環境中創造了生存空間，所以新疆人民把塔

胡楊林。

里木河親切地稱作母親河。張騫、玄奘、馬可・波羅、徐霞客、斯文・赫定等，都曾到過塔里木河流域，進入過胡楊林。根據一些古籍記載，當時的胡楊林茂盛異常，幾乎難以穿行，林中有眾多動物繁衍生息。這條「綠色走廊」曾是著名「絲綢之路」的必經之處，也是連結內地與新疆的一條戰略通道。它以傳教和商貿中心的地位而成為中國、印度、波斯、希臘等古代國際文化的交會點。

雪蓮

雪蓮也稱雪蓮花，是菊科多年生草本植物，廣泛分布於中國西北部的高寒山地。莖直立，葉密集，長圓狀倒卵形，具鋸齒，基部漸狹成柄。頭狀花序多數密生莖端，花藍紫色，週邊有多數白色半透明膜質苞葉。在中國多分布於新疆、甘肅、青海等地。在雪地綻放的雪蓮，有紫紅色的花蕊和白中帶黃的花瓣。用曬乾的雪蓮浸酒服用，既能健身提神，又可以治療腰酸背痛、風濕和關節炎。雪蓮已被列為國家三級保護植物。

兔猻

兔猻別名羊猞猁，貓科動物，形似貓，耳短毛長，尾毛蓬鬆，格外肥胖，棲息於

天山雪蓮。

中國新疆、內蒙古、青海、西藏及四川西北的荒漠草原地帶。兔猻多單獨活動，夜行性。兔猻是鼠類的天敵，主要捕食鼠兔、黃鼠、沙鼠、跳鼠等，也能捕食鳥類。牠們常在岩石裂縫或石塊下造窩，也占用旱獺洞。兔猻早春發情，夏初產仔，一般每胎產三至四隻。

雪兔

雪兔是兔科動物，在中國主要分布於新疆、內蒙古、黑龍江等省區北部。雪兔與其他野兔不同，其淺褐色夏毛一到冬季，就全身換成雪白的素裝，只剩耳朵尖、眼圈及四足殘留一點黑色，在茫茫雪原裡很難發現牠。雪兔棲息在森林邊緣及針葉林地區。冬季吃樹苗，啃食樹皮、嫩芽，其他季節以草類為主食。春季繁殖，每胎產三至五仔。

經濟

新疆經濟以農牧業為主，綠洲農業和草原放牧、畜牧業歷史悠久，在自治區占有重要地位。新疆現代工業起步晚，基礎薄弱，但發展速度快，現已建立起門類較為齊全的現代工業體系。2000年全自治區工農業總產值已由1949年的7.2億元增長到710.26億元。其中，工業總產值由0.9億元增長到422.08億元；農業總產值由6.3億元增長到288.18億元。交通運輸和城市建設也得到相應的發展，經濟日趨繁榮。

農業

新疆全區有耕地4700多萬畝，80%為水澆地。耕地的1/3屬於國營農場。糧食占播種面積的80%左右。大部分地區一年一熟。糧食作

物以小麥、玉米為主，小麥分布廣泛，玉米大部分在南疆；還有稻米、高粱。經濟作物有棉花、油菜、胡麻、芝麻、甜菜等。棉田主要在南疆和吐魯番、瑪納斯河流域，是中國長絨棉生產基地。和田、莎車一帶桑蠶業自古聞名，日後漸漸擴展到南疆各地。新疆還盛產多種瓜果，吐魯番、鄯善的無核葡萄和哈密瓜、庫爾勒香梨是全國出名的特產。區內牲畜種類多，以羊為主，主產於北疆。新疆自古為名馬產地。全區有許多優良畜種，如伊犁馬、巴里坤馬、塔城牛、三北羔皮羊、新疆細毛羊等，都馳名全國。

工業

新疆有豐富的煤、鐵、石油、鹽等礦產資源，阿爾泰山以盛產黃金和多種有色金屬聞名，崑崙山的和田玉自古聞名於世。以前礦藏勘採很少，工業生產也很落後。隨著油田的開採、礦產的挖掘，已經建立起鋼鐵、煤炭、石油、電力、有色冶金、機械、化工、皮革、紡織、製糖等現代工業，許多產品自給有餘。新疆現已擁有石油勘探，開採，冶煉，有色金屬，火力、水力、風力發電，針織，釀酒，木材加工，糧油加工、建築建材等近8000家工業企業。烏魯木齊為自治區工業基地，興建了許多新的工業中心。傳統的民族工業品以維吾爾族銅器、銅雕、和田地毯和絲綢等著名。

交通

從前的新疆，主要以馬、驢、駱駝為交通工具；現在已建成以公路為主，與鐵路、航空密切配合的交通運輸網。公路以南疆、北疆分別溝通各綠洲的環形線及甘新、青新、新藏等省際公路為幹線，以烏魯木齊為中心，聯繫全區各縣，並有喀喇崑崙公路通往巴基斯坦。鐵路以蘭新線為主幹，與包蘭、隴海線相接，直達首都北京和黃海之濱。蘭新鐵路與北疆鐵路相接溝通了第二條歐亞大陸橋。通往塔里木盆地的南疆鐵路從烏魯木齊穿越天山，通車到庫爾勒。航空以烏魯木齊為中心，通達蘭州、西安、北京、上海，區內可達哈密、庫爾勒、庫車等地，國際航線可達俄羅斯、巴基斯坦等國，是全國航空線最長、航站最多的省區。水運僅伊黎河、額爾濟斯河有季節性輪駁船航線。

庫爾勒的香梨具有皮薄肉厚、細甜多汁、入口即化的特點，遠近聞名。

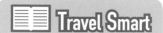

✈ 旅遊地理

　　新疆兼有奇特的自然景觀、突出的文物古蹟和絢麗多彩的民族風情，且三者緊密結合。境內多高山，有喬戈里峰等8座海拔在7500公尺以上的山峰。天山天池為著名的高山湖泊、艾丁湖是中國海拔最低的湖泊、火焰山與將軍崖的雅丹地貌等都可謂自然奇觀。在這樣的自然條件下，人類創造了沙漠綠洲、坎兒井等奇蹟。高昌古城、交河古城、樓蘭、尼雅等古國遺址等都是滄海桑田的佐證。新疆是中國民族成分最多的地區之一，許多城市都呈現著鮮明的民族特色，絲綢之路將它們串起來形成神秘的絲綢之路旅遊線。

吐魯番

　　在這片7萬平方公里的土地上，包含了西域風物的全部經典。它地處新疆維吾爾自治區東部，北枕天山，與烏魯木齊市、昌吉州為鄰，南瞰庫木塔格山，與塔里木盆地相接，東邊是哈密盆地，西邊與巴音郭楞蒙古自治州焉耆縣接壤。吐魯番地處古絲綢之路中道要衝，是

Travel Smart

尼雅遺址

20世紀初發現的尼雅遺址是西漢精絕國的故址、唐尼壤的故地。位於和田民豐縣城東北130餘公里處的大漠深處，東西長約10公里，南北寬約4公里。遺址在消失了若干年後，由瑞典人斯文‧赫定首先發現。遺址中數百間房屋中有寺院、官署、冶煉作坊和墓地等。遺址內大型佛塔的建築裝飾受到西方文化的影響，還有一座東漢時期的夫妻合葬墓，屍體保存完好。千百年來精美絕倫的精絕國為何突然不辭而別，綠洲又為何變成黃沙，一直是個不解之謎，有待科學家的發掘考察。

位於吐魯番盆地北部的火焰山。

新疆與內地、中亞地區和歐洲商貿文化交流的重鎮，是古代西域重要的軍事、政治、經濟中心之一。自古以來，車師人、漢族人、維吾爾族人等各個民族，一起共同開發建設了吐魯番。作為城郭之國的車師王國，以及後來的地方政權高昌回鶻王國，在歷史上一直與中原中央政府保持密切聯繫。由於獨特的地理環境，吐魯番境內有一系列奇異的自然景觀，再加上這裡眾多的民族，具有濃郁的民風民俗，形成在國內外享有盛譽的令人神往的遊覽勝地。這裡既有乾燥寂靜的沙漠，也有茂密的森林和草場；有炎炎的火焰山，也有清冽的天山積雪；有星羅棋布的古城、烽燧、石窟寺群、遠古岩畫、神秘墓葬，在荒煙、蔓草、遺忘中湮滅的絲綢古道，以及眾多的化石山、矽化木群；還有載歌載舞的人們、飄香誘人的葡萄美酒、古樸的村莊、望不到邊的瓜果園，以及清真寺彎彎新月下的人們別樣的生活。

天池

　　烏魯木齊市東面的天池，就是中國古代神話中西王母宴請周穆王的崑崙仙境—「瑤池」。其實，它是位於柏格達峰山腰中的天然湖泊。天池海拔1980公尺，面積5

天池池水清澈幽深，平靜如鏡面，引得許多文人墨客題詩頌吟。

平方公里，湖面呈半月形，長3400公尺，最寬處約1500公尺，湖深數公尺到上百公尺不等。湖水清澈，四周群山環抱，綠草如茵，野花似錦。挺拔蒼翠的雲杉、塔松漫山遍嶺，遮天蔽日。雄偉的柏格達主峰突兀插雲，峰頂的冰川積雪閃爍著皚皚銀光，與天池瓦藍碧綠的湖水相映成趣，構成了這個高山平湖綽約多姿的自然景觀。西北山後有鐵瓦寺、南天門等寺院。東山有王母娘娘廟及山洞，還有高達

100公尺的瀑布奔流直下。柏格達峰倒映湖中，山水交融，渾然一體，景色誘人。環繞天池的群山，是一座座資源豐富的「百寶山」。這裡有牧場、林場、鹿苑，雪線（多年積雪區的下界）上還生長著雪蓮，松林裡出沒著狍子，遍地長著黨參、黃芪、貝母等藥材。山壑中有珍禽異獸，湖區中有魚群、水鳥，眾峰之巔有冰川水資源，群山之下埋藏著銅、鐵、雲母等豐富的礦藏資源。

百根大樹化石——矽化木

新疆奇台縣的準噶爾盆地有一片溶蝕窪地，地表上散布著幾百根大樹化石—矽化木，這就是被譽為新疆一大自然奇觀的「奇台石樹林」。

這些化石樹，有的半截露出地面，另半截埋在土裡；有的像被人砍過後所剩下的樹墩，樹皮紋理清晰，呈褐色，樹心呈白色，遠看如剛砍下的活樹，實際上都是堅硬的化石。矽化木樹林的發現，說明遠在1億年以前，這裡曾經是氣候溫暖、植被茂密的地方。後來由於地殼變遷，森林被埋入地下，在密封和高溫條件下，經含矽的地下水長期的矽化作用，最終成了化石。又經過多少萬年的風雨剝蝕，它們再度露出了地表，成為絕觀奇景而顯現於人間。

天山山脈

天山山脈為亞洲內陸中部的著名山系，世界乾旱區域的多雨山地之一，古稱雪山、白山，全長約2500公里。天山西段伸入中亞境內，中、東段在新疆境內，長約1700公里，寬250公里～350公里，面積41萬平方公里。山脈聳立於準噶爾與塔里木盆地之間，海拔多在4000公尺以上。位於西段的托木爾山峰是天山山脈的最高峰，海拔7443公尺，東段的最高峰為柏格達峰，海拔5445公尺。天山峰巒疊嶂，氣勢磅礴，奇景萬千。根據山形及構造地貌，中國境內的天山山脈可分為北天山、

天池屬冰磧湖。大約在第四紀大冰期，劇烈的冷暖運動使冰川逐漸消退。融冰下泄時所夾帶的岩屑巨礫逐漸停積阻塞成壘、積水形成了今天的天池。

天山山脈有中國最大的現代冰川區。在峻峭群山之中，冰川廣為跌宕，潔白寬柔，予人以俏麗之姿。天山冰川形成了無數冰井、冰洞、冰下河、冰塔林、冰蘑菇等奇特景觀。

這些大樹化石的樹皮、樹節、年輪均清晰可辨，樹幹最粗大的直徑達3公尺以上。

中天山和南天山三列。天山山脈主要由喀拉鐵克山、汗騰格里、托木爾山結、哈爾克山、霍拉山、庫魯克塔格組成。柏格達天池湖光秀麗，蒼翠的原始森林，遼闊的牧場，千山萬壑間，清溪奔流，還有天鵝湖、溫泉、飛瀑等美麗的自然景色。天山冰川、雪峰連綿，共有冰川6896條，面積達9548平方公里，冰雪融水匯成開都河、孔雀湖、瑪納斯河和烏魯木齊河，滋潤著天山南北的茫茫大地，形成片片綠洲。天山山地氣候濕潤，水源充足，山地中森林面積約占全疆的50%，草地面積約占全疆的47%。天山百媚千嬌、資源豐富，無論高山、深谷、草原、湖泊、溪流處處都有奇麗的美景。

阿派克霍加墓

阿派克霍加墓坐落於喀什市東郊5000公尺處浩罕村背後的林蔭深處，是一座典型的伊斯蘭式的古老陵墓建築。因墓中葬有明末清初喀什伊斯蘭教「依襌派」著名大師阿派克霍加而得名。傳說清乾隆皇帝的愛妃「香妃」死後也葬於此，故此墓又稱香妃墓。不過據考證，香妃並沒有葬在這裡，她真正的葬地是在河北遵化清東陵的裕妃園寢。此墓由門樓、大小禮拜寺、拜經堂和主墓室五部分組成。主體陵墓是一座長方形拱頂的高大建築，四角各立一座半嵌在牆內的巨大磚砌圓柱。整個建築顯得格外富麗堂皇、莊嚴肅穆。

Travel Smart

白楊溝

風景優美的白楊溝位於烏魯木齊市南郊約60公里的天山山谷中，藍天下雪峰點點，群山峻峭；山坡上，綠草如茵，牛馬成群；四周雲杉茂密，花草遍地。濃蔭掩映下的一幢幢白色的氈房、精緻的小別墅，給這個深山峽谷平添許多生氣。遊客們可以到哈薩克牧民的氈房做客，喝醇香的奶茶、馬奶，品嘗烤羊肉、手抓羊肉、乳酪；喜歡馬術的年輕人，也可租當地哈薩克牧民的駿馬，揚鞭馳騁於寬闊的草原上。

在阿派克霍加墓穹隆形的圓頂上，有一座玲瓏剔透的塔樓。在陵墓廳堂裡，築有半人高的平台，上面排列著大小72座墳丘。這是同一家族五代人的墓地。

蘇公塔

　　蘇公塔坐落在吐魯番市東南，建於1777年，是吐魯番郡王蘇來滿為紀念父親額敏和卓而興建的，所以又稱額敏塔。塔旁的禮拜寺規模龐大，可容納1000多人，建築和布局與蘇公塔配置得當。塔的入口開在寺內的東南角，進入寺內方可登塔。

五彩灣

　　在準噶爾盆地東南部的古爾班通古特沙漠中，有一處五光十色、景色奇異的自然景觀—五彩灣。遠古時代這裡是湖泊，經地貌變遷後，色彩鮮豔的湖相岩層永久留存下來。岩石有紫紅、褐紅、薑黃、土黃、淺黑、灰綠多種色彩，故名五彩灣。五彩灣由五彩城、火燒山、化古溝組成。早在侏羅紀時代，這裡沉積著很厚的煤層，煤層燃盡後，燒結岩堆積，加之各地質時期礦物質含量不同，這一帶山丘便呈現出以赭紅色為主的多種色彩，再經風吹日曬雨剝，又呈「雅丹地貌」，狀如城郭，五彩城由此得名。火燒山是由燒結岩構成的一片赭紅色，在朝陽或晚霞映照下，山體彷彿在熊熊燃燒。化石溝中，分布著矽化木林，有各種種籽、果實化石及動物化石。五彩灣還是一座天然寶庫，儲藏著豐富的石油資源和大量的黃金、珍珠、瑪瑙、石英、鐵、鋁、鋅等20多種礦產。在沙漠植被地帶還棲居著野驢、石雞等珍禽異獸。此外，這裡還有恐龍溝、矽化木、金礦等自然景觀和人文景觀。

📖 Travel Smart

石頭城

石頭城位於塔什庫爾干塔吉克自治縣城北側，是新疆境內古道上一個著名的古城遺址。城堡建在高丘上，城外建有多層或斷或續的城垣，隔牆之間石丘重疊，構成獨特的石頭城風光。漢代時，這裡是西域三十六國之一的蒲犁國的王城。唐朝統一西域後，這裡設有蔥嶺守護城。元朝初期，大興土木擴建城郭。光緒二十八年（1902），清廷在此建立蒲犁廳，對舊城堡進行了維修和增補。1954年成為自治縣首府。

蘇公塔。

五彩灣又名五彩山，山形奇特，
褐色水平斑紋配成多彩的圖案。

港澳

香港

港澳｜**香港**

香港特別行政區區徽。

🌐 行政區劃

　　香港特別行政區簡稱港，是世界著名的自由港，亞洲和太平洋地區重要的貿易、金融、輕紡產品製造、航運、旅遊和資訊中心。香港地處珠江三角洲南部，珠江出海口東側，西與澳門隔海相望，南瀕南海，北與深圳經濟特區相連，距廣州市大約140公里，包括香港島、九龍、新界三部分。地理位置介於北緯22°09`～22°37`、東經113°52`～114°30`之間，面積1106平方公里。

🧑 人口、民族

　　香港總人口約741萬（2017），地少人多，是世界上人口最稠密的地區之一，80%的人口集中於背山面海的狹長地帶，人口密度最高的觀塘區每平方公里達6.7萬人以上。香港98%的居民為中國人，以廣東籍居多。外籍人口中以英國人為最多，此外菲律賓、美國等外籍人士也占有一定的比例。在使用語言方面，主要是漢語和英語，漢語主要以廣東話、客家話為主。目前，普通話在香港所受的重視程度越來越高。

高樓林立的香港一角。

🏛 歷史文化

香港在春秋戰國時屬楚國領地,清朝時屬廣東新安縣。1842年和1860年,英國先後強迫清政府簽訂《南京條約》和《北京條約》,迫使清政府割讓香港島和九龍,1898年又強行租借了新界,租期99年。1997年7月1日,中華人民共和國順利恢復對香港行使主權。原本具有的中國傳統文化和外國文化的交融,使香港文化具有自己的特色,主要是與快節奏的經濟生活相適應的通俗文化。香港傳媒業發達,是全球最大的華語影片生產基地,每年都定期舉辦香港藝術節。

省港海員罷工紀念章。

英國占領香港

清代香港歸廣東省新安縣(今深圳市)管轄。鴉片戰爭後,1842年,英國殖民者強迫清政府簽訂了《南京條約》,先占領香港島;1860年再次迫使清政府簽訂了《北京條約》,割去九龍半島界限街以南的部分(即九龍);1898年又迫使清政府簽訂《展拓香港界址專條》,強行租借九龍半島深圳河以南、界限街以北的「新界」(內九龍城管權仍屬中國),租期99年。據史料記載, 反法西斯戰爭行將結束時,蔣介石曾想以「盟國」的身份向當時英國首相邱吉爾試探香港問題的解決辦法,但被邱吉爾拒絕。新中國成立後,中國政府曾多次闡明中國對香港問題的立場:香港是中國的領土,中國不承認帝國主義強加給中國的三個不平等條約。

省港大罷工

1925年5月,五卅慘案發生後,中華全國總工會派鄧中夏、蘇兆征等到香港成立罷工統一指揮機關「全港工團聯合會」。6月19日,香港工人在「全港工團聯合會」的領導下,舉行反帝政治大罷工。15天後,全港已一致罷工,有25萬人參加,其中10萬餘人離開香港回到廣州。同時,廣州的英、美、日商洋行和沙面的工人也宣布罷工。23日,回到廣州的香港罷工工人與廣州各界群眾10萬人舉行示威遊行。當隊伍經過沙面租界對岸的沙基時,遭到英、法帝國主義軍隊的開槍射擊,造成「沙基慘案」。中華全國總工會在慘案發生後,為加強對罷工的統一領導,在廣州成立省港罷工委員會,蘇兆征任委員長,李啟漢任總幹事,鄧中夏任黨團書記。廣東革命政府宣布與英國經濟絕交,香港成了「死港」。省港大罷工得到全國人民和一些國家工人階級的支持。罷工堅持到1927年10月,是世界工運史上堅持時間最長的一次罷工。

領導省港大罷工委員會成員(左5為蘇兆征,左7為李啟漢)。

香港回歸

　　歷史上遺留下來的香港問題，經過中英兩國政府多年來的反復談判得到了解決。1984年12月19日，中英兩國政府正式簽署關於香港問題的聯合聲明。中國政府在1997年7月1日對香港恢復行使主權，設立中華人民共和國香港特別行政區，英國政府在同日將香港交還中國。香港特別行政區成立慶典於1997年7月1日上午10時舉行。會上江澤民主席向香港特區政府致送題詞：「香港明天更好」。

1997年7月1日，香港回歸時，中英交接儀式的場景。

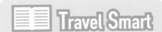

區旗和區徽

　　香港特別行政區的區旗是五星花蕊的紫荊花紅旗。香港特別行政區區旗所使用的紅旗代表其祖國，白色紫荊花代表香港，紫荊花紅旗寓意香港是祖國不可分離的一部分，並將在祖國懷抱中更加興旺發達。花蕊上的五星象徵香港同胞熱愛祖國，旗、花分別採用紅、白不同顏色，象徵「一國兩制」。香港特別行政區區徽呈圓形，區徽的中間是五星花蕊的紫荊花，除周圍寫有「中華人民共和國香港特別行政區」和「HONG KONG」的標準字樣外，中間也是紅底白色五星紫荊花蕊圖案，其寓意與區旗相同。

🗻 地貌

　　香港群島實際上是珠江口海區出露於海面的一群丘陵、山地的山峰，是廣東省東部蓮花山的延伸部分，後來因山體沉降和海水入侵，形成今日的半島和島嶼。香港多起伏山丘，平地窄小。地質上主要是由燕山期入侵的花崗岩，在香港島北側也可見喜馬拉雅山期入侵的花崗岩體。整個香港地區，主要由三個部分組成，分別是香港島、九龍和新界，其中九龍和新界都是和大陸連在一起的。三個地方周圍還有許多小島，總計約有263個，在香港都被稱作「離島」。

大嶼山島

　　大嶼山島是香港第一大島，又稱大濠島、古稱大奚山、大魚山，位於港島以西、「新界」西南，面積153平方公里，比香港島大將近一倍，原為「新界」冒山延伸跨海再現的一列。島上的地勢西南高，東北低，全島均為山地丘陵組成，山勢蜿蜒，由東北向西南分布，主峰鳳凰山海拔935公尺，是全香港第二高的山峰。該島風光旖旎，海灘明淨，建有全港最宏偉的禪林、全港最大的佛寺昂平寶蓮寺和天壇大佛，還有「香港威尼斯」之稱的水鄉大澳，東部有清代古城遺址等名勝古蹟。

九龍半島

　　九龍半島原為由北向南逐漸降低的丘陵半島，位於珠江口東側，隔海與香港島對峙。面積47平方公里，島上

多丘陵，大霧山為最高。主要城鎮九龍位於半島南端，有鐵路通往廣州，港口可停泊遠洋巨輪。經長期開發，西南較為寬闊的平原已成為市區的一個工商業活動中心，其中油麻地、尖沙咀、旺角等地最為繁華，有許多大型商場、飯店和小的店鋪、酒樓。

香港島

香港島是香港最重要的海島，是香港地區的行政和金融中心，面積居全港第二位，僅78.59平方公里。該島位於維多利亞港南面，與九龍半島隔海相望。全島由丘陵山地構成，呈東西走向，地勢陡峭崎嶇，西北部的太平山海拔554公尺，為全島最高點。沿維多利亞港岸線是由移山填海而建成的鬧市區，包括兩營盤、上環、中環、灣仔、北角和魚湧等地。島南地勢低，全島山勢自北向南延伸，形成眾多岬角，本島有香港仔灣、淺水灣、石澳灣等10多處海灣。

香港島的中環。

繁華的九龍半島夜景。

氣候

香港群島位於北緯22°～23°之間的熱帶海洋上。受南海海洋氣流的強烈影響，具有南亞熱帶海洋性季風氣候的特徵，同時，由於地處珠江三角洲平原以南，臨珠江口通道，冬季來自西伯利亞的冷氣團越過南嶺以後，直逼香港，也常造成低溫天氣。每年10月至翌年4月多東北風，乾燥寒冷；5月～9月多西南風，炎熱潮濕。年均溫22℃。7月和8月為香港最熱月。年均降水量2225毫米，夏秋季常受颱風侵襲。

經濟

由於具有優越的地理位置和得天獨厚的深水良港，香港自開埠以來一直是以轉口貿易為主的商業中心，目前香港經濟已進入多元化發展新時期。20世紀60年代，現代工業迅速發展，帶動了香港經濟全面起飛，成為亞洲「四小龍」之一。今天，香港已經發展為世界範圍的國際化大都市，成為國際金融中心（地位僅次於紐約和倫敦）、貿易中心、輕工業中心、航運中心、航空中心、旅遊中心和資訊中心，同世界上近200個國家和地區有貿易關係。

農業

香港本區地狹人稠，人口密度很高，是世界上人口密度最高的城市之一。由於土地嚴重缺少，加上本身淡水資源的不足，香港的農業發展受到很大的限制。目前在香港僅存在很少量的農業，主要分布在新界和大嶼山等郊區，生產的農作物僅有少量的蔬菜、水果和花卉，養殖業也很不發達。香港所消費的農產品來源多是從大陸過境，或直接從國外進口。

香港青馬大橋。

工業

香港由於本身的優越地理位置，輕工業有特殊的發展優勢，以製衣、電子、紡織、鐘錶為主。香港的輕工業製造成為本港經濟的重要支柱產業，出口量大，成為香港最大的外匯收入來源。香港輕工製造業以生產日用消費品而聞名於全世界，在世界輕工業產品中，香港有很多產品被列為出口「世界第一」，如玩具、手錶等。目前，香港已被國際公認為新興的工業化地區之一。

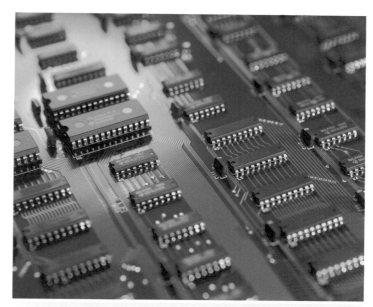

電子工業是香港工業的一大支柱。

中環是香港最繁華、也是最繁忙的地區，這裡是香港金融業的心臟，到處高樓聳立，商廈彙集。中銀大廈就位於此處。

交通

由於旅遊業的發展需要，香港的交通事業一直受到香港政府的高度重視。島嶼之間有海底隧道或渡輪連接；公路四通八達，可通往城市的任何一個角落；香港已有鐵路和大陸直接相通，不僅九龍和廣州之間通有鐵路，京九線的建成，從香港乘火車已可直達北京。香港海運發達，尤其是維多利亞港口的基礎設施完善，可容納遠洋巨輪停泊。此外，香港的國際機場也是世界上最繁忙的機場之一，航線通往世界各國。

國際金融中心

由於香港特殊的地理位置和自由港的地位，世界大資本集團紛紛湧入香港，為香港金融業發展提供了良好條件。香港聯交所吸引大批優秀的上市公司來港上市，國企H股也在港掛牌上市。香港回歸後，恒生指數不斷攀升，香港將繼續保持昔日的繁榮，繼續保持國際金融中心的地位。第二次世界大戰後香港能夠在短時間裡取得舉世矚目的經濟奇蹟，香港金融業功不可沒。香港金融業的發展，與工業、貿易多元化經濟發展相輔相成。各行各業的發展需要金融業的支援，各行各業的發展帶動了金融業的發展，而金融業則有力地促進了整個香港經濟的發展。香港金融體系國

太平山頂是欣賞香港夜景最佳的地方。從山下乘坐纜車到山頂全程1.4公里，只需8分鐘。纜車自1888年開始運營以來至今已有100多年的歷史。

海洋公園中的海洋劇場。

際化不斷增強，在香港開業的國際銀行和接受存款的公司日漸增多。近30年來，香港採用了國際金融業主要創新技術的八成以上，其應用範圍擴大到電腦處理資料、票據交換與清算、證券交易、國際金融交易的資訊傳遞等方面，零售業務則普遍使用電腦。金融創新方面的進展也很大，融資方式有外幣與利率掉期、票據發行融資、銀行貸款、遠期利率合約等。

✈ 旅遊地理

香港旅遊資源極為豐富。中西合璧的文化景觀、獨特的自由貿易政策和來自世界各地的美食，使之充滿了無窮的魅力。購物與美食是香港之旅的兩大特色，人稱「購物天堂」、「食在香港」。原「港督府」和新建的香港會展中心新翼已成為香港歷史變遷的見證。香港主要旅遊點還有宋城、太空館、海洋公園、太平山等處。

太平山

太平山海拔554公尺，是香港島上最高的山峰。太平山古稱香爐峰，又稱扯旗山、維多利亞峰，雄踞香港島西部，是香港島的標誌。太平山反映了香港市民渴望太平的共同心願。太平山頂被列為「香港八景」之一，登山遠眺，港九風光，香江秀色，一覽無遺。山頂上闢有公園，景點遊覽有凌霄閣、山頂廣場。山頂上的纜車總站大廈建築規模宏大，

香港會議展覽中心最具特色之處在於後建成的新翼，其設計如同一隻向天空展翅飛翔的巨鳥。大會堂前廳有高達30公尺的落地玻璃正對著灣仔碼頭，這裡擁有開闊的海港景觀。

頂層設有露天景台，其下有望台、商場、銀行、餐廳等配套設施。太平山頂已成為遊客的必到之地。

海洋公園

香港海洋公園是世界聞名的海洋動物博物館，又是亞洲最大的水陸綜合性遊樂場，位於香港島南部的南朗山上。公園分為山頂公園、山下花園。山頂和山下有世界上最長的室外電動手扶電梯連接。纜車整日來往不停，透過纜車的玻璃窗，可俯瞰山下碧波蕩漾的淺水灣。山頂公園內設有三大場館：海洋劇場、水族館和海洋館。海洋劇場裡每天都有海洋動物的精彩表演。水族館內有一個巨大的玻璃池，裡面有海洋魚類、海草、礁石等，構成逼真的海底世界。海洋館建有人工海洋和岩石海岸，造浪機揚風起浪，驚濤拍岸，如親臨其境。山下花園中有水上樂園、世界上最快的過山車。花園中還植有奇花異草。

香港會議展覽中心

1988年建成的香港會議展覽中心位於港島灣仔海旁，是香港舉行大型表演、展覽、會議和國際盛事的首選場地，是目前亞洲第二大會議展覽中心。會展中心的新翼擁有全球最大的流線型屋頂及面向海港的玻璃幕牆，面積達3000平方公尺，為全球之最。香港會議展覽中心可租用面積達6.4萬平方公尺，擁有世界上最先進的會議設施，其中包括可同時容納3800人的3880平方公尺的大會堂，可供各類會議及大型宴會使用，還擁有可容納900人～1800人的大型

山頂廣場

山頂廣場位於太平山頂，景致迷人，集休閒、購物、娛樂於一身。從中環花園道乘坐山頂纜車，約10分鐘便能登上太平山頂。山頂有凌霄閣，可以欣賞到環球旅遊者李布雷收集的各種各樣的「奇珍異品」；有「龍的傳說」機動電車、「超動感電影院」、「瑞士餐廳」。在山頂廣場的觀光步道可以盡情欣賞香港全景。

會議廳以及兩個演講廳。其他設施還有視訊會議設備、衛星接收系統、演講所需的錄音及投影設備、八種語言的即時傳譯裝置等。

淺水灣風光

淺水灣位於香港島的南部海濱，這裡海灘綿長、灘床寬闊、水清沙細、波平浪靜，是遊客必到的景區。在眾多的香港海水浴場中，淺水灣是最美的海濱。淺水灣以山為背景，三面被山圍繞成為環行海岸，山的綠色，海灘的白色沙子和清澈的海水，構成一幅美麗的風景。沙灘上建有中國古典色彩的鎮海樓公園，園內塑有10多公尺高的天后娘娘及大慈大

香港淺水灣。

悲觀音神像，旁邊有長壽橋等勝景。這裡既有各類飲食店，也有跳蚤市場出售紀念品。附近有深水灣、中灣、南灣、赤柱正灘海浴勝地。淺水灣也是香港高級住宅區之一。

夜幕降臨，華燈初上，繁華的維多利亞港在夜色中更加璀璨奪目。

夜幕下的太空館，在四周華燈的映襯下被罩上了一層淡淡的粉色。

維多利亞港

　　九龍半島和香港島之間是世界三大天然深水港之一的維多利亞港。這個海港寬1.6公里～9.6公里，水面面積有60平方公里，位置優越，是一個得天獨厚的深水良港。可同時停泊150多艘萬噸巨輪，吃水12公尺深的遠洋巨輪可以自由出入，是世界上最繁忙的天然內港之一，每年抵港的遠洋輪船超過六七萬航次。港內還有3個避風塘，刮颱風時船就可以在避風塘裡躲避風浪。世界上大部分港口沒有避風塘，一般至多能停泊十幾艘大輪船，所以香港維多利亞海港的優越條件使香港逐漸發展成了世界航運中心之一。維多利亞港也是全球最美麗的海港之一，風光明媚，尤其是夜幕降臨時，海港兩岸亮起五彩華燈，使維多利亞港顯得更加變幻迷人。

太空館

　　太空館位於九龍尖沙咀，是目前世界上設備最先進的天文館之一，占地約8萬平方公尺，主體建築呈新月形。館內設有展覽廳、太陽科學廳和天象館，還附設有「天文書店」。展覽廳與太

陽科學廳可免費參觀，裡面展出了銀河系各種恆星和太陽圖表、資料與太空科學儀器、最新天象訊息等。同時還設有數台大小不一的錄影機，錄影機不停地自行播放火箭升空，太陽、月亮結構以及太空探秘的景象。天象館是太空館的主體，設有全天候放映系統，內有三四百個軟躺椅座位，可自由轉動以調節視線。圓拱形的鋁質天幕直徑達23公尺，下有一架重達2.5噸的天象投影儀，裝有20多個魚網式鏡頭，採用特殊膠片，以360度向天幕投射太空奇景。周圍還有數百台特技幻燈機和立體聲音響設備，配合天象儀產生各種效果，令觀眾有身臨其境之感。太空館特別製作了一些反映天文地理的影片，如登月、彗星回歸、流星雨及地球變遷、火山爆發等。

宋王台

宋王台是九龍城名勝古蹟之一。據有關史料記載，宋王台的歷史有700多年。南宋末年，臨安失守，當時宰相陸秀夫與張世傑攜幼主帝南逃，曾來香港一帶躲避。但元軍隨後追殺，帝最後投海自盡。後人為紀念這位不幸的皇帝，築了一座高台。原台高43餘公尺，周長約90公尺。英國占領九龍後尚存，後被日軍摧毀，現僅存一塊大石，這塊巨石上鏤有「宋王堂」三字，現安放在宋王台公園裡。

黃大仙祠

黃大仙祠位於九龍黃大仙區，為道教祠院，供奉黃大仙，相傳很靈驗，每日前往膜拜、求籤者成千上萬。黃大仙祠始建於1921年，是香港最負盛名的廟宇，建築雄偉，極富中國特色。祠的門內，題額「第一洞天」。進入牌坊後，左轉坡上有一石牌，刻有「清靈寶洞」字樣。斜坡盡頭為廣場，中央置有香爐。廣場前的台階上立有一石牌坊，題額「金華分蹟」。其後又為一廣場，再登石階即至大殿。殿內雕樑畫棟，金碧輝煌。

宋王台巨石安放在宋王台公園內。

在夜的懷抱裡，香港的燈火如同揮舞著的手臂，更像點綴在天幕的繁星，
密密麻麻，躍躍欲試，不肯錯過這夜色中的展示。

港澳 澳門

澳門特別行政區區徽。

🌐 行政區劃

澳門特別行政區簡稱澳，別名濠江、濠海、濠鏡、馬交、濠鏡澳、香山澳等。澳門地處珠江口西南岸，距香港63公里，西與廣東珠海市的灣仔街道一衣帶水，只隔一條寬不到1000公尺的濠江水道，南面瀕臨南海，南北長約4000公尺，東西最寬約2000公尺。位於東經113°34`～113°35`、北緯22°06`～22°13`之間。澳門包括澳門半島和氹仔、路環兩個離島。由於不斷填海造地，澳門的陸地面積呈逐漸增大趨勢。1910年澳門的總面積只有10.9平方公里，後因填海造陸現在全地區總面積已達到30.5平方公里。其中氹仔島和路環島由2500公尺的路氹公路連貫兩島。澳門絕大部分人口和經濟活動主要在澳門半島。

👥 人口、民族

澳門是世界上人口密度最大的地區之一。截止至2017年底，澳門常住人口為64.85萬人。人口以華人為主，占總人口的94%，葡萄牙人（包括在澳門的土生葡人）及其他外國人則占6%。澳門的人口分布極不均勻，澳門半島的人口占總人口的94.4%，而其餘為氹仔島和路環島的人口及少量水上居民。葡語及中文是現行官方語言。

🏛 歷史文化

秦時，澳門屬海南郡番禺縣。1553年葡萄牙商人通過賄賂官員取得澳門的居住權，但主權仍在中國。1845年葡萄牙擅自宣布澳門為「殖民自由港」，於1848年占領澳門半島，並先後使用武力占領了氹仔島和路環島。1999年12月20日中國政府恢復對澳門行使主權，設立澳門特別行政區。由於澳門被占領時間很長，使當地的文化具有濃重的外埠色彩，糅合了中西方的特色。

英軍進攻澳門炮台

嘉慶十三年（1808）七月，英國商船帶兵駛進廣東香山雞頸洋面。次月二日，英軍300餘人公然登岸，住居澳門三巴寺、龍嵩廟、東西炮台。二十三日，英軍又駕坐舢板艇駛進虎門，至省城外十三行停泊，要求在澳

門寓居。兩廣總督吳熊光令英軍撤出澳門，英軍遲遲不動，直到十月間才開始撤離。嘉慶十四年（1809）二月，嘉慶帝就韓崶奏《查閱澳門夷民安堵並酌籌控制事宜》一折，下旨軍機處說：澳門地面，西洋人舊設炮台

6座，自伽思蘭炮台至西望洋炮台迤南沿海一帶，本有石坎，因形勢低矮，上年英吉利夷兵即由此爬越登岸。這裡應當加築女牆一道，增高四五尺，長200餘丈，以資防護。

葡萄牙占領澳門

明朝時，葡萄牙就侵入澳門，但當時主權仍屬中國。道光二十九年（1849）四月三日，澳門葡萄牙官員亞馬勒以清兩廣總督拒絕其請裁澳門海關，在廣州設立領事

友誼大橋於1994年建成通車，連接澳門半島和氹仔島，大橋長3900公尺，寬15公尺，雙向四車道並有人行道。

館的要求為藉口，驅逐清政府官員，封閉海關，劫掠華人財物，並停止交納從16世紀葡萄牙向明政府「借居」澳門以來按年繳納的地租。當時，澳門華人被激怒。七月五日，澳門發生亞馬勒事件。事後，英國兵艦開到澳門，英、法、美三國駐華公使聯合向清政府抗議，公開支持葡萄牙的侵略行徑。因此，澳門便被葡萄牙強行占領了。

澳門回歸

澳門從1553年葡商登岸以後，外國商人就不斷地進入澳門進行活動，在鴉片戰爭後被葡萄牙強行占領了100多年。其間雖然中國的民間組織和政府經過各種努力，試圖爭回澳門的主權，但屢遭失敗。1986年6月30日至7月1日中葡首輪談判在北京舉行，經過四輪談判後，中葡政府在1987年4月13日簽署了《中葡聯合聲明》，規定中華人民共和國於1999年12月20日恢復對澳門行使主權。1999年12月19日24時，過渡期最後終結。

1999年12月19日午夜，中華人民共和國與葡萄牙共和國在澳門文化中心花園館隆重舉行澳門政權交接儀式，中華人民共和國從此開始恢復對澳門行使主權。

🌋 地貌

澳門地區由澳門半島與氹仔、路環兩個離島組成，其中澳門半島9.1平方公里，氹仔、路環兩島則分別為6.33平方公里、8.07平方公里。澳門半島與氹仔之間有兩座各長2.5公里、4.5公里的澳氹大橋相連；氹仔與路環間也有一條長2.25公里的路連貫公路相通。區內地勢不高，但丘陵、台地廣布。路環島地勢最高，全島是一個花崗岩造成的山體，主峰塔石塘山海拔174公尺，周圍還有幾座百公尺以上的山峰。氹仔島上，大山（159公尺）和小山（111公尺）分立於東、西。澳門半島地勢最低。

澳門半島

澳門半島位於廣東省南海岸珠江口西南部，屬澳門的一部分。半島由花崗岩丘陵和小沖積平原組成，平地所占面積大約為80%，其餘為丘陵，適宜城市開發。西部與灣仔之間為狹窄的澳門河口，建有漁業、水運碼頭和港澳之間的輪渡碼頭。東岸防波堤內新建外港，但淤塞嚴重，僅為港澳之間的交通碼頭，缺乏深水碼頭和避風港，大型船隻停泊不多。工業以玩具、絲絹花、電子、成衣為主。

氹仔島

氹仔島是澳門的三個組成部分之一，位於澳門之南，是澳門的新發展地區。氹仔島原為氹仔島群，由大氹仔、小氹仔和觀音岩組成。後因淤積，觀音岩與大氹仔相連，而成為兩島。島上地表透水能力和地層保水能力都不強，故地表水和地下水均缺乏，僅有少數泉水水源。氹仔島周圍海岸除東南岸外，其餘均有灘塗淤積，港口條件差，但後備土地資源充裕。島上建有賽馬車場、氹仔遊樂場、住宅區和酒樓等，已成為澳門重要旅遊區。

在澳門半島上有三組高樓組成了888圖案。

路環島

路環島位於氹仔島之南，西距橫琴島僅300多公尺寬的水道。全島基本由花崗岩丘陵構成，島中部的塔石塘山為最高峰，海拔174公尺。島上丘陵起伏、平地甚少，地勢為全澳最高。島西北和東北有人工填海而成的平地，周圍也有小片狹窄平地、沙堤和海灘。島北與氹仔島之間是廣闊的泥灘，可以填海造陸。島上建有路氹連貫公路與氹仔島連接，交通方便，已進行開發利用。路環島發展比氹仔島慢得多，過去以漁業為主，有一些船廠。如今建有澳門水泥廠、貨櫃碼頭、住宅工業綜合發展區、旅遊發展區等。隨著島內西側大規模填海造地，路環島將成為澳門的新工業區。

☁ 氣候

澳門地處北回歸線以南，緯度較低，為南亞熱帶季風海洋氣候，光、熱充足，溫暖濕潤，夏長冬短，雨量充沛，但每年常受颱風和暴雨危害。年平均總輻射量為每平方公尺5288千焦，年內分配為夏季最多，春季較少。年平均氣溫22.3℃，最冷月1月份平均氣溫14.5℃；最熱月7月份平均氣溫28.6℃，年極端最高氣溫38.9℃，極端最低氣溫－1.8℃。年平均雨量2031.4毫米。每年4月～9月降水量集中，其降水量占全年降水量的83%左右。10月至次年3月是旱季。

澳門銀河酒店。

經濟

　　澳門面積狹小、港口水淺、資源匱乏，經濟長期以來依靠特殊行業。20世紀70年代以來，澳門經濟發展迅速，形成以工業為主，輔以其他行業多元化發展的經濟結構。工業以輕工業為主，為外向型出口加工工業，主要有紡織、成衣、玩具、電子、手袋、皮革及家具等，產品幾乎全部外銷，主要出口市場為美國、歐洲、日本。此外，以賭博帶動的旅遊業收入在澳門的經濟總收入中所占比重也較大。

旅遊業

　　澳門是洋溢著南歐風情的東方城市，又是東西文化匯合點，名勝古蹟甚多，如東望洋山的燈塔，西望洋山的教堂，松山燈塔，蓮花山上古炮台、媽祖閣、大三巴、白鴿巢花園等，每年都吸引著大量的遊客來此觀光。澳門旅遊業主要由酒店業、賭博業和娛樂業等行業組成。賭博業長期以來成為澳門旅遊業的龍頭行業，促進了其他相關行業的發展，在澳門經濟中占有舉足輕重的地位。

新葡京酒店。

工業

澳門工業缺乏資源，技術力量薄弱，原料、材料、零件及生產設備幾乎全靠進口，製成品絕大部分外銷，其工業實際上多屬貿易加工工業。澳門工業以製衣業和毛紡織業為主，有較完整的成衣工業體系。

交通

澳門對外交通十分方便，陸、水、空運皆備。澳門半島北端關閘與珠海拱北相連，是澳門通往中國內地唯一的陸路通道。澳門是每公里擁有汽車最多的地方。澳門至香港有每天對開的9班直升機。澳門國際機場於1995年12月8日正式通航後，客運量日趨遞增。目前，澳門與7個國家及地區通航，航班班機抵達的城市有18個。

大三巴牌坊前的雕像既有中國傳統藝術的風韻，又不失西式雕塑的寫實主義風格。

✈ 旅遊地理

澳門自然風景優美，文物古蹟眾多，氣候宜人，富有南國熱帶海濱風韻。澳門同時又是一個東西方文化薈萃之地，幾百年的歷史發展，形成了今日澳門「中西結合、華洋共處」的社會和城市結構。市區綠樹成蔭，現代化高樓大廈聳立其間，展現著澳門具有時代特色的一面。而富有東方色彩的寺院廟宇，古色古香，香火不斷。文藝復興時期建築風格的天主教堂、歐洲中世紀古堡式的炮台，寂靜幽深，散落四方，又散發著傳統的異國情調。新建的混凝土大馬路與原始的石板路、碎石路並存，再加上中西合璧的市井風情，這一切都表現了澳門作為一個文明交匯點的特有魅力。

大三巴牌坊

大三巴牌坊位於大三巴街附近，為聖保羅教堂遺址，前身為教堂的前壁。該教堂建於1637年，1835年毀於大火，只留前壁遺存至今，是澳門最著名、最古老的建築之一，而且還是澳門一個重要標誌。它恢弘高峻，造型雄奇，充滿宗教色彩的雕塑，風格獨特的造型使整個建築具有極高的文物價值、藝術價值和歷史價值。教堂屬巴洛克式建築風格，由花崗石砌成，為四層疊柱式。頂端立有一十字架，下嵌有一聖嬰雕像，其旁則圍以十字形石刻。第三層中央凹面供奉著聖母瑪麗亞的銅像，其旁有天使陪侍，並飾以西方百合花和東方菊花的浮雕。聖母像的左方是雕塑，有小聖母像「生命之樹」的石刻。第四層有四個壁龕，分別供奉耶穌四名聖徒的塑像。其下的底層面牆有三面門戶，中央正門刻有「天主聖母」的字樣，其旁兩門上雕有天主耶穌「聖志」字樣。

媽祖閣

澳門民間最原始的傳統信仰主要是對海神的崇拜。因地處沿海，經常出海作業，所以就祈求神靈保佑出海人平安返家。媽祖是澳門人最崇拜的海神。媽祖閣位於澳門半島西南端，始建於明弘治元年（1488）。整個廟宇有媽祖閣依山臨海，古木婆娑，為澳門三大中國古刹中歷史最為悠久的一座。位於廟門之旁的洋船，石上刻有「大眼雞」的古代海船圖形，並著五彩顏色。門前的石獅子、殿內的小帆船，無一不被渲染。在每年農曆三月二十三日媽祖誕辰及除夕夜，人們紛紛趕赴媽祖閣

敬香祈福之俗，至今興盛不衰。

松山燈塔

松山燈塔是遠東最古老的海岸燈塔，位於澳門半島東部東望洋山山頂。燈塔始建於清同治三年（1864），1865年9月24日晚建成啟用。燈塔高13公尺，可向澳門四周海域循環照射達25海里，通宵不停。塔內構造簡單，射燈設在塔頂，有一道曲折樓梯迴旋而上。松山燈塔最初用火水燈發光，用木輪繩錘等物利用擺力使燈光循環旋轉，由澳門土生葡人加路士・域臣第・羅渣設計而成。1874年的甲戌風災將燈塔毀壞，使之停止運作30餘年，後經長時間修理，改用新機器，配上法國反射鏡，於清宣統二年（1910）六月二十九日晚重新投入使用，至今仍發揮著導航的作用。松山燈塔與燈塔旁的小教堂、炮台並稱為松山三古蹟，是澳門著名的城市標誌，也是澳門的地標。松山與燈塔組成「燈塔松濤」，成為「澳門八景」一。

黑沙灣海濱浴場

路環島南面的黑沙灣海濱

大三巴牌坊是「澳門八景」之一，左臨澳門博物館和大炮台名勝，下連68級石階，顯得巍峨壯觀。當年修建這座牌坊就花費了白銀3萬兩。

媽祖閣廟宇建於明朝萬曆年間，距今已有近４００年歷史。整個廟宇由四座建築組成，是一座富有中國文化特色的古建築。

舊澳督府。

浴場，是澳門著名的天然浴場。海灣呈半月形，古稱「大環」。坡度平緩，灘面廣闊，岸邊有一片人工松林，茂密蒼翠，沙灘細膩柔滑。遊人來此游泳、進行日光浴，孩子們來此嬉戲玩水；夕陽西下，享不盡的浪漫風情。

澳督府

澳督府曾是澳門政治權利的中心，坐落在澳門南灣。這座建於19世紀中葉的古老建築，占地4.6萬多平方公尺，粉紅色的牆壁襯著的白色窗櫺，洋溢著古樸的南歐風格，是澳督日常辦公所在地。澳督府每年6月份第一個星期天開放，供遊客觀光。

松山燈塔高16公尺，通體白色，可向澳門附近25海里的範圍內循環旋轉射光。

澳門夜景。

澳門的賭博業

經典座標

澳門素有「賭埠」之稱，賭博業在澳門歷史悠久，已有150多年歷史。

　　早年澳門最盛行的賭博是番攤與牌九。到了20世紀，西方賭博遊戲傳入澳門，融合本土的賭法，才形成一個多元的賭博架構。澳門現為世界三大賭城之一，被稱為「東方蒙地卡羅」。賭博在澳門最初也是被禁止的，但後來澳葡當局為解貿易急劇衰落、收入拮据之窘，1847年，澳門政府頒布法令，宣告賭博業合法化，揭開了賭業合法的序幕。19世紀60年代中期，實行公開招商設賭，向賭場徵收「賭餉」。澳葡當局主要靠著賭餉和鴉片煙稅，而使得每年的財政收入增加，並略有結餘上交葡萄牙國庫。20世紀30年代以後，澳門的賭博業改由政府與娛樂公司簽訂合約，實行專利經營。經營者必須向政府繳納賭餉—賭博稅，依約經營。1937年，泰興娛樂公司開始實行賭博專營制度，從此澳門賭業發展初具規模。1961年2月，葡萄牙海外部根據澳門當局的建議，批准在澳門正式開設賭博旅遊業。1962年，由香港何鴻燊、葉漢合組的何氏澳門旅遊娛樂公司競標成功，獲得賭業管理權。此後澳門的賭博業一直由何氏澳門旅遊娛樂公司實行高度壟斷經營。

賭博業的早期勃興

　　19世紀50年代，澳門的經濟陷入嚴重的困境。賭博業的勃興，與當時苦力貿易的繁榮分不開。那些人販子、地痞、流氓嗜賭成癖，並把賭博作為誘惑華工入彀，最後強迫他們賣身的陷阱。賭博的方式有「骰寶」、「山票」、「鋪票」、「字花」、「字膽」、「白鴿票」等多種，最為風行的是「番攤」。在貿易急劇衰落的形勢下，澳葡當局在19世紀60年代公開招商開賭，向賭場徵收「賭餉」。清同治十一年（1872），香港開始嚴屬禁賭，以後大批賭客從香港轉至澳門，使澳門的賭博業更加興隆。

賽狗

　　賽狗是澳門流行的賭博活動之一，習稱跑狗。所謂跑狗，就是由一組格力狗去追逐一個圍繞著橢圓形跑道上奔馳的機械誘餌（電兔）。賭注可以押在一隻狗或一組狗上。跑狗始於1932年，是由美國傳至澳門的，1936年停辦。1961年初，印尼華僑鄭君豹向澳門政府申請恢復賽狗，得到允許並於同年8月簽訂專營賽狗合約。9月26日，澳門跑狗有限公司在香港註冊成立，同時得到政府認可。不到半年，該公

葡京酒店曾是澳門著名的賭場。

澳門賽狗

司將專營合約轉讓給澳門逸園賽狗有限公司。該公司於1963年9月28日開始第一場狗賽，並一直經營至今。每週在逸園跑狗場跑狗4晚，每晚設12場～14場賽事。

賭博稅

賭博稅是澳門專利稅的最重要的組成稅項。根據賭博專營合約向承批公司徵收，主要收入來自澳門旅遊娛樂有限公司、白鴿票彩票、狗場、馬會、即發獎券，其中以旅遊娛樂有限公司所占的份額最大，恆在95%以上。賭博稅的計算是按不同的專營項目所訂的專營合約條款來進行。以旅遊娛樂有限公司為例，其賭博稅的徵收是按收入的30%繳納，1997年7月起改為31.8%。

賽車博物館

澳門的賽車博物館內，收集了曾叱吒於格蘭披士大賽的原裝跑車、摩托車，以及許多珍貴的圖片與錄影帶。館內還裝置了一輛三級方程式的模擬車，供參觀的遊客親自感受高速駕駛的技巧和在東望洋跑道上飛馳的刺激。澳門每年11月都要舉行一次格蘭披士大賽車比賽，這是澳門最引以為傲的大事。

澳門賽馬

中國國家地理：東北·西北·港澳

|全新黃金典藏版|

作　　者	《中國國家地理》編輯委員會
發 行 人	林敬彬
主　　編	楊安瑜
編　　輯	吳瑞銀、林奕慈
內頁編排	方皓承
封面設計	方皓承
協力編輯	陳于雯、丁顯維

出　　版	大旗出版社
發　　行	大都會文化事業有限公司
	11051 台北市信義區基隆路一段432號4樓之9
	讀者服務專線：(02) 27235216
	讀者服務傳真：(02) 27235220
	電子郵件信箱：metro@ms21.hinet.net
	網　　址：www.metrobook.com.tw

郵政劃撥	14050529 大都會文化事業有限公司
出版日期	2018年06月修訂初版一刷
定　　價	380元

Ｉ Ｓ Ｂ Ｎ	978-986-95983-8-5
書　　號	Image-26

Metropolitan Culture Enterprise Co., Ltd.
4F-9, Double Hero Bldg., 432, Keelung Rd., Sec. 1,
Taipei 11051, Taiwan
Tel: +886-2-2723-5216　Fax: +886-2-2723-5220
E-mail: metro@ms21.hinet.net
Web-site: www.metrobook.com.tw

國家圖書館出版品預行編目(CIP)資料

中國國家地理：東北.西北.港澳（全新黃金典藏版）/
《中國國家地理》編輯委員會編著.
— 修訂初版. — 臺北市：
大旗出版：大都會文化發行, 2018.06
224面；17 × 23公分 —(Image；26)
ISBN　978-986-95983-8-5(平裝)

1.中國地理 2.通俗作品

660　　　　　　　　　　　　　　107007801